目次

新版　中野京子の西洋奇譚

第一話　ハーメルンの笛吹き男

「まだら男」に連れられて姿を消した子どもたち

ドイツの代表的観光ルート「メルヒェン街道」は、グリム兄弟が生まれた中部ハーナウを起点に北へのぼり、音楽隊で有名なブレーメンまでの約６００キロをいう。この行程の３分の２ほどのところに、現人口５万７千人強のハーメルン市がある。

この小さな古都が５月から９月の毎日曜日、世界各地からおおぜいの観光客を引き寄せるのは、住民手作りによる野外劇が上演されるためだ。グリム兄弟の『ドイツ伝説集』（『童話集』とは別作品）に収録されている「ハーメルンの笛吹き男」を劇化したもので、30分ほどの短く素朴《そぼく》な舞台。

グリムの伝えるあらすじは――

１２８４年、ネズミの害に悩まされていたハーメルンに、奇妙な「まだら男」がやって来る。このあだ名は、さまざまな色の布をパッチワークした上着を身につけていたからで、本人は「ネズミ捕《と》り男」と称《しょう》していた。

彼はネズミを退治する代わりに報酬《ほうしゅう》をもらう約束を市の上層部と取り交《か》わすと、さっそく笛を吹き、その音《ね》につられて集まった町中のネズミを、ヴェーザー川まで導いて溺《おぼ》れさせた。ところが市は約束の金額を出し渋《しぶ》り、男を追い出した。

6月26日のヨハネとパウロの日（旧夏至《げし》祭）、男は違う服を着て再び現れ、路地で笛を吹いた。すると4歳以上の子どもたち（中には市長の成人した娘もいた）が集まってきて、男のあとをネズミと同じように付き従い、市門を出て山の方へ向かい姿を消す。赤子を抱いた子守の少女（異説には、盲目《もうもく》の子と聾唖《ろうあ》の子）だけが町へもどり、それを知らせたのだった。

行方不明になった子どもの数は１３０人。捜索《そうさく》隊は手がかりを見つけられず、親は悲嘆《ひたん》にくれ、この事件は市の公文書に記《しる》された。

⚜描かれた「ハーメルンの笛吹き男」

ハーメルン市民にとっては、ご先祖様が約束を反故《ほご》にして復讐《ふくしゅう》される話がそう楽しいはずがない。にもかかわらず7世紀以上も延々と語りついできたばかりか、今現在も演じ続けている（子どもたちは行方不明者役、及び着ぐるみのネズミ役）。それはこの不思議で無気味で哀切《あいせつ》な伝承の裏に、何かもっと、語られている以上のものが隠れていると誰《だれ》もが感じ、いつまでも記憶にとどめるべきだと信じているからに他ならない。

先述したように、同時代人は消えた子どものことを公文書に残した。それから20〜30年ほど後の14世紀初頭、文字の読めない大多数の住民のために町の教会（マルクト教会）のステンドグラスに、ガラス絵が描かれた。もはや現存していないが、幸いにして16世紀後半に模《も》写《しゃ》された彩色画《さいしきが》が残っており、これが最古の「ハーメルンの笛吹き男」図となる。

詳しく見てゆこう。異時同図法《いじどうずほう》（一つの構図の中に異なる時間を描き込む手法）が使われている。

紋首台と車輪刑用具

ほら穴のある山
(コッペン山と呼ばれることもある)

子どもたちを引きつれて
笛を吹きながら山へ向かう
「まだら男」

子どもの列から2人の子が
脱落している(倒れている)。
彼らが後に証言する

ヴェーザー川に舟を浮かべて
男が笛を吹くと、門からネズミが出てきて
川へ入ってゆく

マルクト教会のステンドグラスを模写したハーメルンの笛吹き男の絵
（作者不詳／16世紀後半）

城壁に囲まれた町。
各所に門

まず左に大きく描かれているのが、ラッパ風の縦笛を吹く男。帽子も上着もズボンも赤・黄・緑・白の縦縞模様《たてじま》だ。履《は》き物は中世に流行した極端な先尖り靴《さきとがぐつ》。もとより放浪の楽師《がくし》なので派手で目立つ格好をしていた（それにしても皆が驚いたというのだから、どこか通常とは違っていたに違いない）。

右下にはヴェーザー川が流れ、岸沿いにハーメルンの町。教会の塔が目立つ。ヨーロッパの都市は当時どこも城塞《じょうさい》都市だったから、周囲をぐるりと城壁に囲まれ、いくつも門がある。川に近い門からネズミの大群が出てゆき、その先の小舟で笛吹き男が笛を吹く。

画面中央に森をあらわす木々が描かれ、近くには沼。鹿が3頭いて、1頭が沼にはまって沈みかけている。このあたりが命にかかわる危険な湿地帯だということが示される。

脇《わき》の坂道を、笛吹き男に先導された子どもたちが上《のぼ》ってゆく。彼らの出た門が、いわゆる不浄門《ふじょうもん》であることは、道の先の山裾《やますそ》に絞首台《こうしゅだい》が見えているのでわかる。当時の処刑方法は貴族なら城壁内の広場で公開斬首《ざんしゅ》、平民は城外で絞首刑がふつうだった。ここには首吊り台《くびつりだい》だけではなく、処刑された罪人も2人描かれている。こうして見せしめに放置されるのも一般的だった。

またその横の、巨大な独楽《こま》のようなものは何だろう。実はこれも処刑台だった。拷問《ごうもん》も兼ねた車輪刑。ブリューゲル作品に時々出てくるので知る人も多かろう。

当たり前のように描かれたこれら中世の日常――外敵や獣から住民を守る城壁、跋扈《ばっこ》するネズミの大群、異界からやってきた見知らぬ人間、湿地の恐怖、深い闇《やみ》を作る森、残酷《ざんこく》な公開処刑――は、当時の人々がいかに死と隣り合わせで暮らしていたかを物語る。そんな彼らにとってさえ、子どもたちの突然の失踪《しっそう》は激しいショックだったのだ。なぜか？

⚜子どもたちの失踪が与えた衝撃

13世紀末ドイツの小さな町ハーメルンで、１３０人の子どもが忽然《こつぜん》と消えた……。

当時の町の規模から考えて１３０人がどれほどの大人数だったか、後世の我々にも何となく想像はつくが、近代のハーメルンに当てはめるなら２０００から２５００人相当だろうとの研究結果もある。驚くべき空洞《くうどう》の発生だ。しかも原因は戦争でもパンデミック（疫病《えきびょう》の世界的大流行）でもない。対象が老若入りまじっていたわけでもないし、長期的な漸減《ぜんげん》でもない。少年少女たち――町の活力源、未来の働き手――だけが、たった半日のうちに一挙に町からいなくなったのだ。衝撃の波が他国にまで拡がったのも頷《うなず》けよう。

そして当然のことながら、口伝えの過程で話は膨《ふく》らんでゆく。グリム兄弟の『ドイツ伝説集』は、主に16〜17世紀の資料をもとに編纂《へんさん》されたものだが、子どもが消えた1284年からそれまでの間で、庶民《しょみん》に直接影響を与えた歴史的大事件といえば、14世紀のペスト禍《か》（ヨーロッパ人口の3分の1ないし2分の1が死んだとされる最大規模のパンデミック）と魔女狩りである。この2つが「ハーメルンの笛吹き男」伝承にも影響を与えたのは間違いない。なぜなら古い文献《ぶんけん》のどこにも、グリム伝承の前段に当たるネズミ退治のテーマは見られないからだ。

⚜文献が語る「ハーメルンの笛吹き男」

まず同時代人による市の公文書だが、あまり詳しくはない。「今後は子どもたちがいなくなった1284年を起点にして市の年代記を記す」という程度である。つまり、今年は我らの子どもらが連れ去られて何年目、というように数えようと言うのだ（まるでイエス誕生を西暦1年と定めたかのようだ）。

実際、16世紀後半になってもなお、新設された市門にはこう彫《ほ》られていた——この門は魔法使いが130人の子どもを連れ去ってから272年後に建てられた、と。

　また事件から20〜30年後に描かれた例のマルクト教会のステンドグラスには、絵の他に碑《ひ》文《ぶん》も書かれていたという。現存していないが、絵と同様その文章も書き写されており、概略はこうだ――ヨハネとパウロの日（6月26日）にハーメルン生まれの130人が、引率者に連れられて東へ進み、コッペン（古ドイツ語で「丘」「小山」の意）で消えた。

　もっと具体的に記された最古の記録は、15世紀半ばの『リューネブルク手稿《しゅこう》』である。筆者はおそらく修道士。この事件を古文書《こもんじょ》で知ったという。曰《いわ》く、
　1284年のヨハネとパウロの日に、ハーメルンで不思議なことが起こった。30歳くらいの男が、橋を渡ってヴェーザー門から入ってきた。身なりが立派だったので、皆、感心した。彼は奇妙な形の銀の笛を持参しており、それを吹くと、聞いた子どもたちが集まってきた。そしてその130人の子たちは男の後をついて東門を抜け、処刑場の方へ向かい、そのままいなくなった。母親たちは捜《さが》しまわったが、どこへ消えたか誰もわからなかった。

　これが話の骨格だったのだ。

　ネズミも市側の裏切りもない。単に見知らぬ男が来て笛を吹き、子どもらと共にいずこともなく消え去ったというだけ。しかし1284年という年号と130人という数は中世のど

の文献にも共通し、この具体的数字の生々《なまなま》しさによって、事件が現実に起こったことがうかがえる。

⚜事件の骨格を飾り立てた時代的要素

童話風の趣《おもむき》を持つようになったのは、さまざまな時代的要素が加わった後だ。本来は皆が驚く立派な身なりだったのに、「笛を吹く」という要素が強調されて放浪の辻音楽師《つじおんがくし》的イメージになり、そんな身分の低い貧しい者の服が高価であるはずもないとして、色が派手で人目を惹《ひ》いた、と変化してゆく（英語の Pied Piper も「まだら服の笛吹き男」）。

また笛特有の魔的な音色は、誘惑の象徴につながる。先述した市門建設の際に「魔法使い」という言葉が使われたのは、まさに魔女狩り最盛期であった。この時期、笛吹き男は魔女の仲間と見なされたのだ。

またネズミはペストと密接に結びついている。もともとはネズミの病気で、その血を吸ったノミがさらに人間を刺すことで感染した。もちろん当時の人にそうした科学的知識はないが、ネズミの大発生とペスト流行が同時だったため両者の関係に疑いが持たれた（ネズミの

ネズミを引き連れるハーメルンの笛吹き男
（オスカー・ヘルフルト／1910年頃）

圧倒的なネズミの大群が、見る者に恐怖を与える。

激増は、田畑を増やそうと城外の森林を伐採、開墾して、ネズミの天敵イタチや猛禽類《もうきんるい》や蛇《へび》が減ったことによる）。実際にネズミ捕りを生業《なりわい》にする者も存在していた。

こうしたことが、事件の骨格を飾り立てることになったのだ。

⚜伝承の真実は

皆がよく知る「ハーメルンの笛吹き男」の物語から童話風の装飾を剝《は》ぎ取れば、それはごく単純な――しかしもちろん衝撃的な――事実の羅列《られつ》となる。即《すなわ》ち、１２８４年のヨハネとパウロの日、ハーメルン市に身なりの立派な男が現れ、笛を吹いて１３０人の子どもを集めて連れ去り、消息を絶つ。その後、杳《よう》として行方《ゆくえ》が知れない。

男は誰だったのか、なぜ子どもらは男について行ったのか、どこへ連れてゆかれたのか、生きているのか死んだのか……。

何世紀にもわたり、世界中の研究者（日本では故・阿部謹也《きんや》が有名）がこの謎《なぞ》を解き明かすべく、さまざまな論考を発表している。それをテーマ別に分類するだけで30種近くになるというのだから、この話の内包する魅力の強烈さがわかろうというもの。

17世紀にはヴェーザー川での溺死《できし》説が出たが、これはネズミを川におびき出したという後世の創作に影響されたのかもしれない。20世紀末になると、小児性愛者による猟奇《りょうき》殺人説が発表された。いかにも現代的な推理だ（途方もなさすぎる）。

この新旧2つの説の間に、捏造《ねつぞう》説、死神説、山崩れでの生き埋め説、底なし沼での事故死説、野獣襲撃《しゅうげき》説、誘拐《ゆうかい》説などが並ぶ。

⚜研究者によるさまざまな論考

有力とされる説をいくつかあげておこう。

Ⅰ　何らかの伝染病に罹患《りかん》した子どもたちを、町の外へ連れ出して捨てた。

――要するに、自分たちを守るためやむを得ず病人を犠牲にしたわけだ。可哀そうなことをしたとの慚愧《ざんぎ》の念が、子どもらを忘れまいとする市全体の総意となったということは十分ありうる。しかし少年少女だけが罹《かか》る伝染病というのは考えにくいし、この説には肝心の笛吹き男の存在感がどこにもない。

Ⅱ　処刑場近くの山は、キリスト教が入ってくるまでは古代ゲルマンの祭祀場《さいしじょう》で、夏至祭（当時はヨハネとパウロの日と名を変えられていたが）には火を燃やす。笛吹き男に誘われた子どもたちが見に行き、崖《がけ》から転落死した。

――祭りを盛り上げるため雇われた放浪の音楽師が、子どもらを煽《あお》って真っ暗闇の夜の山道を歩かせ、遭難《そうなん》させる。全くないとは言えないが、怪我だけですんだ子もいたはずだし、住民が死体を発見できなかったのもおかしい。第一、古い文献はどれもこの事件が日中に起こったと明記してある。

Ⅲ　舞踏《ぶとう》病に集団感染し、踊りながら町を出て行った。

――これは遺伝性のハンチントン病（旧ハンチントン舞踏病）とは異なり、中世によく見られた一種の集団ヒステリー。祭りの熱狂の中、自然発生的に起こり、狂乱状態で踊り続けて、時に死に至る（たいていはしばらくすると憑《つ》きものが落ちたように呆然《ぼうぜん》とするらしい）。単調で抑圧的、なお且《か》つ死の危険が身近にあった中世人が陥《おちい》る爆発的躁《そう》状態だ。ただしハーメルンだけで一度に１３０人、それも子どもだけというのは説得力が弱い。

Ⅳ「子供十字軍」としてエルサレムへ向かった。笛吹き男は徴兵係。

——現実に「子供十字軍」の悲劇は各地で起きていた。非力な少年少女が従軍しても、港に着く前に行き倒れたり、船に乗れても難破《なんぱ》したり、果ては奴隷として売られることも少なくなかった。ハーメルンの子が巻き込まれたとして何の不思議もないが、しかし逆にどうしてハーメルン市だけが十字軍のことを隠したかが新たな謎になる。

Ⅴ　ハーメルンでの未来に希望が見いだせず、東欧に植民するため移住した。笛吹き男は新天地がどんなに素晴らしいかを、笛ではなく言葉で吹聴《ふいちょう》し、また金をかけた衣服によって豊かさを誇示《こじ》し、子どもたちをその気にさせた。

——今のところ、この説がもっとも有力視されている。同時代に創建された東欧の村々に、ハーメルンという名がいくつか見られるのもその証拠という。ただこれまた完璧《かんぺき》に問題なしとは言えない。なぜ130人のうち誰ひとり、故郷と連絡を取ろうとする者がいなかったか（子孫がそうしてもおかしくないのに）という点だ。

つまり、まだ万人を納得させるに足る定説はないのだ。研究は続けられており、「ハーメルンの笛吹き男」を読む楽しみは尽きない。

それにしても、この伝承における子どもたちの身になって考えると恐怖が押し寄せてくる。妖《あや》しい魔笛の音に操《あやつ》られ、夢遊《むゆう》病者のように歩きに歩いて、気がつけば見も知らぬ異邦の地に佇《たたず》む自分がいたとしたら……。

第二話　マンドラゴラ

さまざまな芸術に取り上げられた植物

映画「ハリー・ポッター」シリーズに、恐ろしい植物が登場する。ホグワーツ魔法魔術学校における薬草学の授業で、生徒に耳をふさがせ、先生が鉢《はち》から引き抜くと、人間によく似たその醜《みにく》い塊根《かいこん》は手足（?）をばたつかせながら、甲高《かんだか》く耳障りな悲鳴を上げるのだ。

これがマンドラゴラ（＝マンドレイク）。

ハリポタのとおりとまでは言わないが、マンドラゴラは実在する植物で、はるかな昔からさまざまな芸術に取り上げられてきた。いくつか例をあげると——

シェイクスピアの『アントニーとクレオパトラ』に、アントニーの死を悼《いた》んだクレオパトラが、彼のいない空白を眠って過ごすため「マンドラゴラを与えておくれ」という台詞《せりふ》がある。『ロミオとジュリエット』でも、ジュリエットを仮死状態にした薬草はマンドラゴラだった。

またヴェルディのオペラ『仮面舞踏会』では、許されぬ恋を諦《あきら》めようと必死のヒロインに、女占い師がこう言う、特別な草を抜いてきたら処方してやろう、しかしそれが生《は》えているのは処刑場で、満月の夜に一人きりで行かねばならない、と。観客にマンドラゴラを想起させる設定だ。

旧約聖書にも、ヤコブの妻レアがマンドラゴラの劇的効果で妊娠《にんしん》した話が出てくる。

ローマ帝国期のギリシャ人植物学者の植物学者ディオスコリデスの写本挿絵《さしえ》には、山野の精霊ニュンペーがディオスコリデスにマンドラゴラを手渡すシーンがあり、そばで一頭の犬が悶絶《もんぜつ》している（犬に関しては後述）。

さらに時を遡《さかのぼ》った紀元前14世紀のツタンカーメン。彼の墓から出土した小箱の蓋《ふた》に、マンドラゴラを摘《つ》む女が描かれている（栽培《さいばい》していた証拠だ）。

マンドラゴラを持つネフェルティティと
アクエンアテンを描いたレリーフ
（国立ベルリン・エジプト博物館／紀元前1355〜1320年頃）

⚜ マンドラゴラ伝説

マンドラゴラほど奇妙で薄気味悪い伝説をまとった植物はないだろう。地中海沿岸から中国西部にかけて自生するナス科のこの毒草は春咲きと秋咲きがあり、前者が雄、後者が雌と、両性があると信じられてきた。

葉は地上に放射状に広がって生え、黄または青紫がかった小さな花が咲く。円い果実は紐《ひも》付きピンポン玉のように、あるいは睾丸《こうがん》のように（そのためこの植物は多産の象徴となる）――地面に転がる。また地中の太い塊根はといえば、紡錘形《ぼうすいけい》で先が脚のように二股《ふたまた》に分かれているので、時として小さな人間のように見えることがあった。古い図版には、頭に葉を生やした裸の男（雄マンドラゴラ）と裸の女（雌マンドラゴラ）が描かれている。

長らく外徴説《がいちょうせつ》（人体各部とそれによく似た外形をもつ植物の間には神秘的照応《しょうおう》関係があるとの俗信）がまかりとおっていたため、マンドラゴラの根が人体そっくりなのは万病に効く証《あかし》とされた。需要が多くなるのも道理だが、地下には塊根の他に毛細血管のような多量の細かい根が張りめぐらされ、引き抜くのに大変な力が要《い》る。その際の音もきわめて不快らしい。

だが何といってもこの植物の特徴は、全草が有毒（実《み》も完熟するまでは危険）という点だ。とりわけ根は神経毒アルカロイドを数種含み、幻覚、錯乱、嚥下《えんげ》困難、発熱、嘔吐《おうと》、瞳孔《どうこう》拡大、心悸亢進《しんきこうしん》などを引き起こし、死に至る場合すらある。

もちろん毒は薬にもなるから、古来、麻薬剤（快楽効果の一方、禁断症状もある）、鎮痛・鎮静剤、健胃剤などに使われた。媚薬《びやく》や妊娠薬としても有効と信じられたので、魔女の膏薬《こうやく》とも言われたし、錬金術《れんきんじゅつ》の原料としても使用された。

♛マンドラゴラを引き抜くには

人型のごつごつした奇怪な姿、猛毒、採取しにくさ、不快音。ここまでくれば、誰からも妖《あや》しの植物と見なされたのも無理はない。口伝えに語られたのは――

マンドラゴラは町はずれの処刑場に生えている。童貞の若者が首を吊られて死ぬ間際《まぎわ》に放出した精液が、土に触れてマンドラゴラを育てたのだ。足を持つこの植物は、真夜中には地中から出てあたりを動きまわることもあった。

マンドラゴラを引き抜くには予防策を講じねばならない。引っ張ると身の毛もよだつ悲鳴を上げ、聞いた人間を狂い死にさせるからだ。耳に栓《せん》をし、金曜の日の出前に、よく仕込んだ犬を連れて行く。マンドラゴラの前で三度十字を切り、周りの土を掘って根と犬を紐《ひも》で結わえ、十分離れた場所から犬を呼ぶ。すると忠実な犬は走り出し、同時にマンドラゴラは地中から引き出されて叫び出す。聞いた犬は悶《もだ》え死ぬが、マンドラゴラは無事手に入るという次第だ。

可哀そうなワンちゃん……。

マンドラゴラに繋がれた犬（『健康全書』より／14世紀頃）

見えにくいが、犬の首輪の紐にマンドラゴラが結わえられている。飼い主は遠ざかろうとしている。

第三話　ジェヴォーダンの獣

ナポレオンの異名をとる獣

『ジキル博士とハイド氏』や『宝島』で知られる19世紀イギリスの作家R・L・スティーヴンソンは、病弱な肉体を改善しようとヨーロッパ各地を旅行した。20代でフランス南東部の中央高地を一人旅した記録が、『旅は驢馬《ろば》をつれて』（1879年刊行）。

中央高地のジェヴォーダン地方（現ロゼール県の一部）へ足を踏み入れる際の、スティーヴンソンの高揚《こうよう》ぶりが伝わってくる。今や「安楽な場所」になったヨーロッパで、「冒険の名に価するもの」に出会えるとすれば、それはジェヴォーダンだというのだ。しかもかつてここは「有名な『ジェヴォオダンの獣』、あの、狼中のナポレオン・ボナパルトと呼ばれた狼の国だった」、と。

ジェヴォーダンの獣がナポレオンの異名をとっていたとは面白い。実際の事件はナポレオンが皇位に就《つ》くずっと前、ルイ15世の御世《みよ》であり、スティーヴンソンの冒険旅行からだと1世紀以上も昔である。だが近代人たる異国のこの若者にとってジェヴォーダンという土地は、「狼の危険を防ぐために、森が最近伐《か》り払われたばかり」にもかかわらず、なおまだ「未開」と感じられた。

そしてそれはあながち間違いとも言えない。

都から遠く離れ、山や荒地や森、悪天と狼《おおかみ》から成るジェヴォーダンは、時代の進歩から取り残されがちだった。吸血鬼が住まうトランシルヴァニアとよく似て、字も読めぬ貧しい住民が肩寄せ合って暮らし、よそ者を敵視する場所だ。スティーヴンソンは自分の受けた「冷淡」な仕打ちを、いくつも数え上げている。ある老人は彼の姿を見た途端、家に駆けこんで戸を叩《たた》いても出てこないし、進む方角を間違えても誰も教えてくれない。極《きわ》めつきは2人の少女で、道を尋ねると一人はアカンベエと舌を出し、一人は牛の後をついてゆけと言ってクスクス笑ったという。

よほど腹に据《す》えかねたのか、スティーヴンソンはこんなことまで書いている、「ジェヴォオダンのあの狼は、この辺の子供を百人も食い殺したということであるが、私には狼がしたことが好ましく思われて来た」（引用部分全て吉田健一訳）。

⚜神出鬼没の化け物

ジェヴォーダンの獣がどこからともなく現れたのは、1764年の夏だった。

牛番をしていた少女が、見たこともない野獣に追いかけられ、命からがら逃げ帰ったのが発端《ほったん》である。狼だったのでは、と聞かれて少女は否定した。体も頭も口も大きく、胸が広くて背に縞《しま》模様があり、尻尾は長かった、狼に似ていても、あれは絶対に狼ではない！

狼と共生せざるを得ない環境だ。日のあるうちは人間の領分、闇が下りれば狼の領分と住み分けてはいたが、子どもであっても狼のことならよく知っている。危険回避に必要な知識

ジェヴォーダンの獣（版画／作者不詳／1762～64年頃）

これも異時同図法。右後方は人々から恐れられる獣、中央は犠牲者のそばにいる獣、左後方は狩人に追われて退治されるところ。

だからだ。間近で見た少女が狼ではないと言うのなら、そのとおりかもしれない、そもそも狼の習性として狩りは群れでするし、人間と家畜がいっしょにいれば後者を狙《ねら》うのが普通だ、奇妙な動物だと思っているうち、別の村の少女が襲われた。内臓を喰《く》われ、物言わぬ状態で発見されたのだ。日をおかず、今度はまた別の集落で小さな子が餌食《えじき》となる。

不穏《ふおん》な空気が流れる中、人家の庭で主婦が襲撃された。たまたま近くにいた男たちが棒や鎌《かま》で追い払い、ここで初めて複数の目撃者に獣の姿が晒《さら》されたわけだ。彼らは最初の少女と同じことを言った。あれは狼ではない、これまで見たこともない獣だ。

やがて誰言うともなく「ジェヴォーダンの獣（La Bête du Gévaudan）」と呼ばれるようになるのだが、La Bête は単なる「獣」というより、「魔獣」とか「怪物」というニュアンスで使われたらしい。なにしろ日を追うごとに被害者は増えてゆく。

正確な統計は取られていないが、氏名・年齢や死亡日のわかっている者も多く、3年にわたって獣が暴れた後には、60人から１００人の犠牲者（もっと多い数字をあげる研究者もいる）が横たわっていた。多くは女性と子どもで、自然界の弱肉強食の掟《おきて》どおりといえた。

男たちは武器を握り集団で守りを固めたが、敵は神出鬼没だった。これほどうまく逃げおおせるのは、正真正銘の魔物だからではないか、あるいは狼男かもしれない、そんな囁《ささや》きとともに、真偽《しんぎ》定かならぬ噂《うわさ》も拡がってゆく。たいていの肉食獣ならまず獲物の喉笛《のどぶえ》に嚙《か》みつくのに、この化け物は——おぞましいことに——その巨大な口で真っ先に相手の頭をガリガリ嚙み砕《くだ》き、足が速い上にスタミナがあるので駅伝馬車を昼日中にいつまでも追いかけ続けた、など。

こうして翌1765年初頭には、ついにヴェルサイユ宮殿の奥の院にまで話が到達し、アンニュイの美王ルイ15世が意外にも強い関心を示すことになる。

⚜剝製《はくせい》にされた「ジェヴォーダンの獣」？

1765年。ヴェルサイユ生まれのルイ15世は5歳からずっとフランス王の座にあり、もうすぐ55歳になる。王権神授説《おうけんしんじゅ》を信じ、阿諛追従《あゆついしょう》に慣れ、情熱はもっぱら狩猟に注ぎ、好色で政治嫌い。努力せず何もかも手にした人間が陥《おちい》りがちな重い退屈病に罹《かか》っていた。

とうぜん好奇心などというものはとうの昔に失《な》くしていたのだが、ジェヴォーダン事件には珍しく反応した。被害地区に同情したからというより、啓蒙《けいもう》主義時代の王として、魔獣やら狼男やらの存在を信じる無知蒙昧《むちもうまい》が許せなかったし、何より「ジェヴォーダンの獣」とまで言われる凶悪な狼を実際に見てみたかった。できるなら我が手で仕留めたいくらいだったろう。

王は懸賞《けんしょう》金を出すとともに、狼狩りの専門家2人を現地へ派遣した。だが2人は多くのブラッドハウンド犬とともに4ヵ月もジェヴォーダンの山野を駆け巡《めぐ》って狼を追ったのに本命を見つけられず、嘲笑《あざわら》うかのように殺戮《さつりく》は続いた。

6月になり、ルイ15世は別の征伐隊と交替させる。王室のマスケット銃《じゅう》取り扱い責任者の中尉以下、竜騎兵の一団だ。彼らのおかげで住民は大迷惑だった。山狩りの手伝いはまだしも、おおぜいの宿泊と飲食の提供、兵士の乱暴狼藉《ろうぜき》による治安悪化に耐えねばならなかったからだ。とはいえそれも9月で終わる。体長170センチ、体高80センチ、体重60キロの狼が射殺されたのだ。

フランスに棲息《せいそく》する狼はハイイロオオカミなので、ふつうなら最大体長160センチ、体高90センチ、体重50キロといったところだ。となると、中尉がこれぞジェヴォーダンの獣と断定した狼が、並外れて大きいと言えるかどうかは微妙で、目撃者に確認もさせずにそそくさと帰路についたのも怪《あや》しい（住民の中には中尉を詐欺師《さぎし》と罵《ののし》る者もいた）。

剝製にされた狼はヴェルサイユでお披露目《ひろめ》され、これが人喰い獣かと宮廷を大いに沸《わ》かせ

ルイ15世に献上された狼の剥製（版画／作者不詳／1765年頃）

た。王も御満悦で、中尉に多額の報奨金を与えて叙勲《じょくん》も行っている。剝製はパリの王立庭園（現国立自然史博物館）に1819年まで陳列されていたというが、現在は行方不明。

⚜災厄《さいやく》の顚末《てんまつ》

ジェヴォーダンの獣は竜騎隊の山狩り終了を確かめたかのように、その年の冬から再び暴れ出し、子どもたちが襲われた（幸い命は助かる）。中尉が仕留めたのはやはりただの狼だったと住民は訴えたが、飽《あ》きっぽい王の興味を惹くことはもはやできなかった。その後1年半にわたり、10人以上が喰い殺される。

自分たちでどうにかするしかない。

1767年6月。近隣の猟師や勢子《せこ》たちが300人も集まり、ついに獣を追い込むのだが……どうもこのあたりから話に靄《もや》がかかりだす。伝えられているのは、こうだ。獣が追われた先には地元の猟師シャステルがいた。彼は狩りの前の祈禱《きとう》を唱えており、それを見た獣は立ち止まってシャステルの祈りが終わるのを待ち、逃げもせず彼の銀の銃弾に撃たれた。獣は死に、シャステルは英雄となって、死骸《しがい》をヴェルサイユへ持ってゆくが、事件はとうに落着と発表済みだった政府の対応は冷ややかだった。

——全く奇妙だ。リアリティのない神懸《かみが》かったエピソードが挿入されている。狩猟中の祈禱とそれに耳傾ける獣、銀の銃弾（狼男撃退の古典的アイテム）など、いかにも作り話めいている。撃たれた獣が目撃情報どおりだったかどうかもはっきりしない。とはいえこの後二度と獣が出没しなかったことだけは確かで、３年にわたるジェヴォーダンの災厄は完全に終わった。

問題は獣の正体である。ルイ15世とその宮廷、そして1世紀後の作家スティーヴンソンは、狼と信じていた。目撃者は皆、あれは断じて狼ではない、と主張していた。明確な証拠がないので定説はない。それが世界中の人々のロマンをかき立て（映画化もされている）、今なおさまざまな説を生みだしている。いくつかあげよう。

- 特別な狼、つまり狼中のナポレオン説
- 一頭だけではなく、複数の狼による襲撃説
- 犬と狼の交配で生まれたハイブリッド種説
- 熊、大猿、豹、クズリ（クロアナグマ）、ライガー（ライオンとトラの雑種）、各説

・絶滅した動物説
・ネッシーのような未確認生物説
・毛皮をかぶった人間説
・アフリカから持ち込まれた、獰猛《どうもう》なブチハイエナ説

獣の正体は不明でも、この事件で明らかになったことがある。それは王侯貴族が民の不幸に徹底して無関心という事実だ。ジェヴォーダンの獣は、彼らの退屈を紛《まぎ》らわすイベントの展示品にすぎなかった。

なるほど、フランス革命は起こるべくして起こった。

第四話 幽霊城

古城にさまよう幽霊

古城と幽霊は相性がよい。

もともと城塞《じょうさい》は、敵との攻防を想定して建造された軍事施設だ。堅固《けんご》な石造りで、外壁も二重三重にめぐらせ、濠《ほり》で囲み、跳ね橋や落とし格子《ごうし》で備える。捕虜《ほりょ》やスパイを閉じ込める獄舎、拷問室、処刑場もある。同時にまた城主や臣下、その家族、兵士や召使いたちの住居でもあり、礼拝堂も設置されていた。

複雑な内部構造、至《いた》る所に闇と死角。壁には激しい戦闘を物語る血しぶきの跡……何世紀もの積み重ねのうちに、夥《おびただ》しい数の戦死者も堆積《たいせき》される。恨みを抱いて死んだ者、この世にたっぷり未練を残して命を断たれた者、あるいは自分が死んだことさえ気づかぬまま即死した者の魂が、肉体の崩壊した後もなお地上に引き留められ、虚《むな》しくさまよう場が古城なのだ。

⚜日本の幽霊、イギリスの幽霊

日本人とイギリス人は幽霊好きで知られる。

ただし日本では夏の風物詩（？）なのに、イギリスではもっぱら冬が幽霊の活動期だ。また自分用の住居が幽霊物件の場合も反応ははっきり異なり、積極的に購入したがる日本人は稀《まれ》なのに、イギリスの場合、幽霊屋敷は——無関係な生者には祟《たた》らないと信じられているからか——評価ポイントが上がって価格も高くなるという。

古城の幽霊はどうか？

もちろん両国とも心霊スポットとして人気がでる。

日本で有名な幽霊城といえば、一つは佐賀城（あいにく城郭の一部しか現存していない）。

幽霊城というより、化け猫城だ。鍋島《なべしま》藩主に息子を殺害された老母が飼い猫に復讐を託して自害し、その血を舐《な》めた猫が藩主の愛妾《あいしょう》に取り憑《つ》いて……という奇怪な伝承は、猫の醸《かも》し出す魔性の雰囲気と相俟《あいま》って錦絵《にしきえ》になり、歌舞伎《かぶき》になり、映画にもなった。

もう一つは白鷺城《しらさぎじょう》の異名を持つ美しい姫路城（正確にはその前身の城）でおきた、御女中お菊の伝説。十枚一揃《ひとそろ》えの皿が一枚足りないとして、責め殺され、井戸に投げ捨てられたお菊の霊が、「一枚、二枚……」と皿を数える恨めしげな声が時々聞こえるのだそうだ。現姫路城の本丸下の一角に「お菊井戸」と名づけられた井戸も残る。

さて、イギリスでもっともよく知られた幽霊城といえば、塔という名の古城「ロンドン塔」なのは間違いない。しかし知る人ぞ知る、幽霊の数と出没回数が一番多く、世界中の心霊現象マニアを集めているのは、スコットランドに近いチリンガム城である。

粗削りで殺伐《さつばつ》たる雰囲気のこの城は、遠く12世紀に建設が始まり、現在の形になったのは14世紀と言われる。名前にチル（chill）が使われているのは、立地や石造りの「冷え」ばかりでなく、どこか「背筋を凍らせる」「ぞっとする」印象を与えるせいかもしれない。

なにしろチリンガム城は敵国スコットランドからの侵攻阻止《そし》、及びイングランドがスコットランドへ侵攻するための最前線基地でもあったから、血みどろの歴史が刻まれている。戦闘だけでなく、地下の拷問部屋で犠牲者が流した血だ。数年間で5000人を超えるスコットランド人、それも女・子どもを含む捕虜《ほりょ》が惨殺《ざんさつ》されたと言われる。

拷問部屋も一般公開され、「鉄の処女（人型カプセルの中に入れ、多数の鉄釘を仕込んだ扉を閉めて殺す）」や針の筵《むしろ》、指スクリュー、焼きゴテ、逆さにして閉じ込める檻《おり》など、凄《すさ》まじい拷問用具が展示されている。

観光客の中にはどこからか響く悲鳴や呻《うめ》き声を聞いたり、幽霊を目にしたと言う者もいる。そのうち目撃回数が多いのは以下の3人の幽霊。

ジョン・セージ…彼は職務としておおぜいの人間を拷問死させた刑吏《けいり》。最後は民衆に憎まれ八つ裂きにされた。暗くなると甲冑《かっちゅう》をかたかた鳴らしながら城内を見回っている。

レディ・メアリ・バークレー…高位の貴族夫人だったが、夫が自分の妹と駆け落ちしてしまう。何百年も経《た》つのにまだ夫を探し、城のあちこちをさまよっている。

ブルーボーイ…この少年についての詳細はわかっていない。ピンク・ルームという部屋のベッド脇の壁が青く光り、時に怪しい声が聞こえたり、少年の姿が現れたりすることから、こんなあだ名がついた。

興味深いのは、20世紀になってこのピンク・ルームを改装するため壁を壊すと、3メートルの厚さの石壁内に狭い隠し部屋が出てきて、中から少年の白骨体が見つかったこと。どうやらブルーボーイは実在したらしい。調査の結果、骨はエリザベス1世時代のものと判明し、ブルーボーイはスペイン無敵艦隊《かんたい》に関する秘密文書を見たため閉じ込められた、と言われるようになった。壁には少年が必死に爪で掻《か》いた跡も残っているそうだ。

日本の幽霊とイギリスの幽霊、どちらが怖いだろう、いや、どちらが物悲しいだろう……。

第五話　さまよえるオランダ人

海を漂う幽霊船

「板子《いたご》一枚下は地獄」という言葉がある。船の床板の下は海という恐るべき異界であり、人の生きてゆける場所ではない、船乗りは常に危険にさらされている、という意味だ。

そんな船乗りは必然的に迷信深くなり、単なる錯視を怪奇現象と見誤るのだろうか？　それとも巨大な生きものたる海は、時としてほんとうに異形《いぎょう》の子を産むのか？

幽霊船の目撃譚《もくげきたん》は世界中に伝わっている。洋上を航行中の船乗りが霧の深い日中、あるいは夜、ふいに出現したこの世ならぬ船（船体損傷、ぼろぼろの帆、船員の気配皆無など）がそばを通るのを見て、恐怖のあまり金縛りになるというパターンが多い。

人間や動物ならぬ、ただの物体が化けて出るのはおかしい？　いや、船の場合はそうでもない。さまざまな文化圏で、船は魔力によって生命を得ること、自らの意思で動くことがある、などと考えられているのだ。

もっともよく知られた幽霊船は「さまよえるオランダ船（Flying Dutchman）」だろう（「-man」が付くため「オランダ人」と訳される場合もある）。言い伝えによれば——アフリカ大陸南端の岬、喜望峰《きぼうほう》近くでオランダの帆船《はんせん》が嵐にあい、思うように舵を切れず業《ごう》を煮《に》やした船長が南十字星にピストルを発射した（異説では、神を罵《ののし》った、あるいは悪魔に助けを求めた）ため呪いを受け、死ぬことも許されずに未来永劫《えいごう》、幽霊船とともに海を漂泊《ひょうはく》せねばならなくなった。

ヨーロッパ大陸から喜望峰を回る「インド洋航路」が発見されたのは、15世紀末だ。そしてオランダが黄金時代を迎えて世界の海を制したのは、17世紀。従ってこの言い伝えが細部まで形を整えたのは、近代以降ということになる。

また明らかにこれは、イエスをめぐる民間伝承「さまよえるユダヤ人（The Wandering Jew）」（または「永遠のユダヤ人〔The Eternal Jew〕」）に呼応《こおう》している。こんな話だ——イエスが十字架を背負ってエルサレムの街を歩かされた時、疲れ果ててユダヤ人の靴屋の家の壁に寄りかかろうとして拒《こば》まれた。イエスは彼に言った、自分は死して安らぐが、おまえは永遠にさすらい続けねばならない、と。かくしてこのユダヤ人（ユダヤ人そのものの象徴）は、地上のどこにも安住の地はなくなる。

神を冒瀆《ぼうとく》し、その報《むく》いを地上で受ける「さまよえるユダヤ人」と、海上で受ける「さまよえるオランダ人」。

⚜作曲家ヴァーグナーの運命

さて、音楽ファンにとって「さまよえるオランダ人」といえば、リヒャルト・ヴァーグナーの同名オペラをおいて他にない。

1839年、26歳のヴァーグナーは借金を返せず、このままなら債務《さいむ》者監獄に放り込まれてしまうというので、妻のミンナと愛犬を連れて東プロイセンから密航し、ロンドン経由でパリを目指すことにした。

乗ったのは、大麦を積んだ2本マストの小型商船。海の女神の名を冠したテティス号。船長と船員合わせて7人。そこへヴァーグナー夫妻が匿《かくま》ってもらった。ロンドンまでは1週間ほどのはずだったが、なんとその3倍の日数がかかってしまう。嵐に襲われたのだ。

テティス号はノルウェーの入江に避難した。自伝によると、ヴァーグナーは3日3晩、屹《きつ》立《りつ》する崖に船乗りの呼び声がこだまするのを聞き、オペラ3幕目〈水夫の合唱〉のメロディを思いついた由《よし》。

もちろんヴァーグナーはオランダの幽霊船伝承を知っていたし、それをもとにしたハイネの短編も読んでいた。だが実際に怒濤《どとう》の風雨に身を置き、漆黒《しっこく》の闇に波の吠《ほ》え声を聞き、「板子一枚下」に地獄が口を開《あ》けているのをまざまざと感じたこの体験がなければ、『さまよえるオランダ人』のあの鳥肌がたつような幽霊船出現シーンや音楽は生まれなかったのではないか。

ヴァーグナーのオペラでは、オランダ人船長は7年に一度だけ陸地に上がることが許される。そこで真実の愛を捧《ささ》げてくれる乙女に出会えれば、呪いは解かれ、救済される。何百年も探し求め、ようやくノルウェーの小さな港町でそんな乙女（つまり自分と一緒に死んでくれる相手）に出会う……。ヴァーグナーは幽霊船伝説を愛と救済のテーマへ昇華《しょうか》させたが、どちらも背景には死を拒まれることへの恐怖が色濃く残る。

オペラは数年後にパリで完成し、１８４３年にはドレスデン歌劇場で初演された。その頃

リヒャルト・ヴァーグナーのオペラ『さまよえるオランダ人』の第1幕、幽霊船登場シーンの舞台セットの写真
（ベルリン国立歌劇場／1933年）

ヴァーグナー自身も無事ドイツへ帰り、ドレスデン宮廷指揮者になっていたのだ。だがオランダ人と似て彼もさまよう運命にあり、１８４９年、ドレスデン暴動に加担してスイスへ亡命せねばならなかった。

奇《く》しくも同年、あのテティス号が乗組員全員とともに沈没したという。

第六話　ドッペルゲンガー

もう一人の自分

ドッペルゲンガー（Doppelgänger）はドイツ語。doppel は double、gänger は walker で、直訳すると「動きまわる、もう一人の自分」。何やらぞくぞく感が迫る。最初の使用例とされるのは、ドイツ人作家ジャン・パウルが18世紀末に発表した長編小説『ジーベンケース』で、平凡な弁護士ジーベンケースと、彼に生き写しの友人の物語だ。

必ずしも本人が自分のドッペルゲンガーを見るとは限らず、他人から別の場所で自分を見たと言われることもある。この現象は世界中の言い伝えに残されており、一般的に肉体と霊魂が分離したものと考えられている。自分で見た場合は死の予兆との迷信も根強い。

ドッペルゲンガーの日本語訳は「分身」、「生き写し」、「自己像幻視」、時に「生霊」と、微妙に意味が違う。

「分身」はまさに「身が分かれる」ので、もう一人の自分という存在を強く想起させる。

「生き写し」だと、単に似ているだけ、双子の可能性も否めない。

「自己像幻視」に至っては、精神的な病との決めつけを感じる。実際、哲学者ヤスパースは、ドッペルゲンガーを意識の病態と捉えた。この世は全ては科学的に説明できると信じる者にとっては、何が起ころうと、「幽霊の正体見たり、枯れ尾花」となる。もっとも、自分がもう一人の自分を見たと証言する人たちの中には「病態」例も確実にあるだろう。面白いのは、二重人格者は女性に多いが、ドッペルゲンガーを主張する患者は男性に多い、という近代の研究結果だ。仮にこれが正しいとするなら、自己認識には男女差があるのかもしれない。

「生霊」は、生者の魂が体外へ抜け出ることを言う。多くは死に瀕した者がそうなると伝えられ、ここからもう一人の自分を見ると死が間近だと考えられるようになったのだろう。

⚜数々のドッペルゲンガー譚

欧米におけるドッペルゲンガーについての記録は、19世紀半ば以降著《いちじる》しく増えている。それはオカルトや降霊術の大流行と重《かさ》なり、またスティーヴンソンの『ジキル博士とハイド氏』を筆頭に、ドストエフスキー、ロレンス、ポー、ワイルドなどが小説に取り上げることで、ブームはいっそう盛り上がったのかもしれない。

著名人の例をいくつかあげよう。

イギリスの詩人パーシー・ビッシュ・シェリー（1792～1822）は、自分のドッペルゲンガーが妻メアリ（『フランケンシュタイン』の原作者）を絞め殺そうとするのを目撃した。それからしばらくして、ドッペルゲンガーはまた現れ、「いつまでこんなことをしているんだ」と怒鳴ったという。パーシーの死はその2週間後。ボートの転覆《てんぷく》事故による溺死であった。

フランスの作家ギ・ド・モーパッサン（1850～1893）のドッペルゲンガーは、彼が小説を執筆しているところへ突然入ってきて、続きを口述《こうじゅつ》して消えたという。ただしこの頃のモーパッサンは先天性梅毒が悪化し、痛み止めに多量の麻薬を摂取《せっしゅ》していたから、幻覚だった可能性が高い。

アメリカの第16代大統領エイブラハム・リンカーン（1809〜1865）は、最初の大統領選挙戦の時、鏡の中に2人の自分を見たという。

イギリスの戦艦ヴィクトリア号の司令長官サー・ジョージ・トライオン海軍中将（1832〜1893）は、シリア沖での艦隊訓練中の衝突事故により、戦艦と乗組員357名とともに海の藻屑《もくず》となった。ちょうどその頃ロンドンでは彼の妻が邸《やしき》でパーティを催しており、複数の招待客から、軍服姿の彼を今さっき見かけたと言われたという。もちろんその時には、事故を知る者は誰もいなかった。

上記の例は、ほとんど伝聞である。シェリーがこう言っていた、リンカーンから聞いた、というような。またトライオン提督の場合は単なる幽霊譚とみなしてもいい。

本人が書き残しているものでないと信じられない？　ではその例を引こう。

ドイツの作家ヴォルフガング・フォン・ゲーテ（1749〜1832）が自伝『詩と真実』に記しているドッペルゲンガー目撃譚《もくげきたん》だ。

若きゲーテは恋人のもとへ馬を走らせていた。すると向こうから明るいグレーの服を着たドッペルゲンガーが馬に乗ってやって来るではないか。驚いたが、やがてそのことは忘れてしまう。8年後、ゲーテはまた同じ道を、今度は逆方向に馬を走らせていたが、その時忽然《こつぜん》と思い出したのは、今の自分があの時のあのドッペルゲンガーと同じ明るいグレーの服を着ていたということだった。

数々のドッペルゲンガー譚。しかし実際には、幽霊譚と比べてはるかにその数は少ない。なぜだろう？　自分が自分を見る——その衝撃は幽霊を見るのと比べものにならぬほど大きいからではないか。幽霊などよりずっとずっと怖いからではないか……。

第七話　ゴーレム

プラハの魔術師ラビ・レーフ

旧約聖書にも出てくる「ゴーレム」という言葉は、ヘブライ語のもともとの意味が「胎児」「未形成」「形なき素材」。それが次第にユダヤ伝承で「動く泥人形」になっていった。ラビ（ユダヤ教における宗教指導者）が命を吹き込んだという。

人の形をしたその泥の塊《かたまり》、ゴーレムには、魂も感情もなく、創り手の命じるまま機械的に動くだけだ。素人《しろうと》がこねたので目鼻も形態もはっきりせず、どこか薄気味悪かっただろう。しかも勝手に暴走することがあった。ヘウム（現ポーランド）のラビ、エリヤが創ったゴーレムがその一例だ。

彼のゴーレムは時間が経《た》つとともに驚くばかり巨大化し、暴れ出す。エリヤはゴーレムの額に刻印していた「Emeth（＝真理）」からEの文字を消し去った。すると「Meth（＝死）」となり、たちまちゴーレムは泥にかえるが、しかしその大量の泥に埋もれ、エリヤもまた死んでしまったというもの（フランケンシュタインや大魔神に影響が見られる）。

他にもさまざまなゴーレム伝説が語られてきたが、もっともよく知られているのは、16世紀後半、チェコのプラハで起こったとされるゴーレム事件だ。

当時のプラハはハプスブルク領。当主にして神聖ローマ帝国皇帝、別名「変人皇帝」ルドルフ2世が、宮廷をウィーンからここへ移したことで大いに栄えていた。

ルドルフ2世は政務には全く無関心で弟にまかせきり、結婚もせず、世継ぎをもつ気もなく、高等遊民として金にあかした道楽――芸術品収集とオカルト好み――を生涯《しょうがい》追求した（さすがに晩年は蟄居《ちっきょ》させられるが）。プラハが「魔都」と呼ばれるようになったのも、ルドルフ2世が国内外からおおぜいの錬金術《れんきんじゅつ》師、占星術師、魔術師、呪術《じゅじゅつ》師などを宮廷へ招《しょう》聘《へい》して厚遇したからだ。

怪《あや》しげな者がほとんどだったが、中にはドイツ人天文学者ヨハネス・ケプラー（「ケプラーの法則」で有名）、デンマーク人ティコ・ブラーエ（当時としては最高度の天文記録を作成）、イタリア人画家ジュゼッペ・アルチンボルド（果物や植物の寄せ絵でルドルフ2世の肖像画を制作）といった、今に名を残す著名人たちも含まれていた。

さらにもう一人、ユダヤ人のラビ・レーフことイェフダ・レーヴ・ベン・ベザレルも、ルドルフ2世と関わった。もちろん宮廷のお抱えだったわけではない（ハプスブルク家はカトリックの守護者を任じ、ユダヤ教とは相容《あいい》れない）。そして他の諸都市と同じく当時のプラハでもユダヤ人は差別され、ラビ・レーフもプラハのゲットー（ユダヤ人居住地区）で暮らしていた。

にもかかわらずラビ・レーフが諸学に通じた大学者であり、且《か》つさまざまな魔術を使うことは広く知られていたので、ルドルフ2世は彼の講義、とりわけ関心の強いカバラ（ユダヤ神秘学）についての講義を聴講したという。

このラビ・レーフがゴーレム伝説の主役として登場するのだ。なにしろケプラーの母親でさえ、魔女裁判にかけられる時代である。不老長寿薬も金の合成も、天使も悪魔も、魔女もゴーレムも信じられていた。

⚜泥人形の裏切り

ラビ・レーフは説教したり書を著《あらわ》したりと非常に多忙だったから、土をこねて人形を作り、その口に護符《ごふ》を入れることで命を与え、只働《ただばたら》きの下僕《げぼく》として飼っていた。ゴーレムは黙々と働き、安息日だけ、口から護符を抜き取られて泥人形にもどる。翌日はまた護符を入れられて働く。

ラビ・レーフはこのようにゴーレムを重宝《ちょうほう》して使っていたが、ある時、護符を取り出すのを忘れて他の町へ出かけてしまう。するとゴーレムは突如として凶暴になり、家中を破壊しまくるではないか。近所の人々が気づいたが、誰もゴーレムを止められず大騒ぎになる。やっと呼び戻されたラビ・レーフが、苦心惨憺《くしんさんたん》の末、ゴーレムの口から護符を取り出すことができた。

ゴーレムはもとの動かぬ泥人形となり、ラビ・レーフはそれを粉々《こなごな》に崩して、二度と命を与えようとはしなかった。

これら伝承の主眼は明らかだ。神ですら、土くれから創ったアダムに裏切られた。まして

映画『巨人ゴーレム』より
（パウル・ヴェゲナー、カール・ベーゼ監督／1920年）

人間ごときが単なる魔術で作った泥人形ならなおのこと。人間は神の真似事などすべきではない。

　では未来のゴーレムたるロボットは？　同じだ。SF映画にひんぱんに登場する人造人間たち——『ブレードランナー』『ターミネーター』『マトリックス』etc.——は、人間に危害を加えぬよう厳重にコンピューター制御されていたにもかかわらず、いつしか独自の意思と力を持つようになって、人間を襲いはじめる……。

　ゴーレムへの恐怖は過去のものではない。

第八話　ブロッケン山の魔女集会

ブロッケン山の妖怪

日本とドイツの面積はほぼ同じだが、可住地は前者約30パーセントに対して、後者約70パーセント。ドイツがいかに平坦な国か、よくわかる。特に北ドイツは延々と平らかな大地が拡がる。また南ドイツも険しい高山はアルプスに近い南端に集中し、あとは森や丘など多少の起伏があるだけだ。

ただしドイツ中央部はゆるやかに盛り上がり、低い山々が島状に集まったハルツ山地を形成している。ブロッケン山は、ここで一番高い。高いといっても標高1141メートル（鹿児島の桜島ほど）にすぎないが、それでも晴れた日の山頂に登れば周囲に遮《さえぎ》るものとてないため、360度の素晴らしいパノラマが見渡せる。

あいにく晴れた日は少ない。花崗《かこう》岩の露出したこの山は、年間平均260日は霧に包まれるのだ。気象の変化も激しく、降雨量が多い上、強風も吹き荒れる。


海と同じく、山も異界だ。平地の住民にとって危険で不吉な場所である。ましてブロッケン山は、古来、妖怪や魔物の住処《すみか》として恐れられているだけになおさらだ。

自分がもし中世に生きる旅人だったら、と想像してみてほしい。

高所といえば教会の塔や樹木しか知らない小村で生まれ育ち、やむを得ぬ理由でブロッケン山を越えねばならなくなる。妖怪に襲われて気がふれた者や滑落《かつらく》死した者がいるという噂を聞いていたので、明るいうちに山越えしようと、天気の良い暖かい日を選んで旅立つ。登るにつれて風が強くなり、帽子が吹き飛ばされる。イノシシが飛び出してきて、杖で追い払う。やがて深い霧がかかり、衣服がぐっしょり濡《ぬ》れて寒さに全身が震える。あたりは夕闇のように暗くなり、足元もおぼつかず、道に迷ったのではないかと不安は尽きない。そこここに怪《あや》しいものが出現しだす。花崗岩の風化した岩塊《がんかい》（ブロック）を幽霊と見間違えたとわかった後でさえ、たなびく霧にそれらはなおまだ蠢《うごめ》いて見えた。

祈りの言葉を唱《とな》えながら登り続け、ついに山頂近くへきた。ありがたいことに、背後の雲間から陽が差しはじめる。すると前方の厚い霧に、この世のものとも思えぬ七色の光の輪が浮かび上がった。と、その輪の中に巨大な黒い妖怪が現れたではないか。驚きのあまり両手で頭を押さえると、その妖怪はまるで嘲笑《あざわら》うかのようにゆらゆらと同じ仕草をしてみせる。力が抜けて尻もちをつくと、それすら真似される。

恐怖に髪の毛を逆立《さかだ》てながら、こけつまろびつ、無我夢中で山を駆け下りる。ふもとで出会った見知らぬ人に、妖怪だ、ブロッケンの妖怪が出た、この眼でしかと見た、喘《あえ》ぎ喘ぎそう伝えると、相手も目を剝《む》き、また出たか、村の皆に教えなくては、と走り出す……。

伝説の「ヴァルプルギスの夜」

物の怪《け》も天使も悪魔も実在すると信じられた時代である。文字の読める者は一握りしかおらず、自然現象を科学で解明しようとの試みもわずかだった。

今でこそこれが「ブロッケン現象」なるものと知る人は多いが、この言葉自体、初めて使われたのは18世紀末と、かなり遅い。ブロッケン山でひんぱんに見られたことが命名の由来《ゆらい》だ（もちろん条件が同じであれば、世界中さまざまな場所で見られる）。

太陽が背にあり、前方に深い霧がたちこめているのが条件だ。その雲霧に自分の影が円形の虹に包まれて映る――この現象の原理は、雲や霧の水滴《すいてき》に当たった太陽光線の回折、即《すなわ》ち、光と滴《しずく》の綾なすマジックだ。影が一つの平面ではなく、幾層も通して映るため大きく見える。特に光源の距離が近いほど、影も円虹もとてつもなく巨大化する。

原理を知っていてさえ自然の神秘に圧倒されるのだから、光学的知識の全くない昔日《せきじつ》の素《そ》朴《ぼく》な人間なら、まさか霧が鏡となって自分の影を映しているとは思いもよらず、広大な空間に出現した山怪と恐れ戦《おのの》くのも無理はなかった。「ブロッケン現象」という科学用語ができるまで、人々はこれを「ブロッケンの妖怪」と呼んでいた。

こうした怪異の発生するブロッケン山は、いつしか伝説の「ヴァルプルギスの夜」（またの名を「魔女の夜」）と結びついてゆく。4月30日の日没から5月1日未明にかけて、各地の魔女たちがブロッケン山に集まり、宴《うたげ》を催すというのだ。

これはゲーテの『ファウスト第一部』（1808年）に生き生きと描写されたことで、一躍、世界中に知られるようになった。ファウストが悪魔メフィストフェレスの案内で、ブロッケン山のヴァルプルギスの宴に参加するというシーンだ。老若男女問わず（魔女には男もいる）、また貴賤《きせん》も問わぬ魔女どもや妖精・妖怪・霊たちが集《つど》い、祭りはたけなわ。ファウストも浮かれて美しい娘と踊るが、途中で彼女の口から赤いネズミが飛び出し、すっかり興醒《きょうざ》めするのだった。

⚜各地で行われた魔女の集会

魔女は定期的に集まり、乱痴気《らんちき》騒ぎを繰り広げる——そう信じられていた。その集会を「サバト」という。語源はヘブライ語の「安息日」。それがいつしか魔女の集会（＝魔女の夜宴、夜会）の意味で使われるようになった。

サバト開催日は各国、各地方で伝承が違い、4月もあれば、10月のハロウィンや12月のクリスマスのところもあるし、毎週木曜、ないし金曜のこともあった。時間も夜とは限らず、昼の例さえ記録に残っている（記録というのは、言わずと知れた魔女裁判の記載《きさい》であり、拷問されて苦しまぎれに何でも「自白」したに違いない）。

開催地も千差万別で、16〜17世紀の魔女狩り最盛期には、どの国にも数百ヵ所はあったというから驚きだ。荒涼たる野原、森、湖沼《こしょう》地帯、墓地、廃屋《はいおく》といった人里離れた場所から、

雲霧に影が映り、
円形の虹に包まれて見えるブロッケン現象（写真）

街なかの市庁舎や教会堂まで。しかし多くは、やはり山だ。フランスのピュイ・ド・ドーム山、アルプス、ジュラ、ピレネー山脈の山々。ほとんどの魔女たちは、家の近くのサバトに参加したことがわかっている。

ドイツでは何といってもブロッケン山だ。ここで年に一度開催されるサバトは「大サバト」であり、「ヴァルプルギスの夜宴《やえん》」と名づけられている。ヨーロッパ中の魔女たちにとって、ヴァルプルギスの夜宴は一生に一度行けるかどうかの、お伊勢参りみたいなものだったのかもしれない。

⚜捻《ね》じ曲げられた「春の祭典」

ヴァルプルギスという言葉は、イングランドからドイツに伝道に来た8世紀の聖女ヴァルブルガ（病気治癒の奇蹟《きせき》を行った）が元とされる。ただし事はそう単純ではない。キリスト教に席巻《せっけん》される前のドイツには、ヴァイキングとともに北欧神話が渡ってきていた。それによれば――主神オーディンは、ルーン文字の秘密を手に入れるため一度死に、しかる後に復活した（土の下の種子が時を経《へ》て芽吹《めぶ》くように）。それを記念して祝うのが五月祭であり、ヨーロッパ中に拡がってメーデー（5月1日）となった。

要するに異教の春の祭典だったのだ。春を迎える直前（4月30日日没から5月1日未明）のヴァルプルギスの夜には、冬と春が交《ま》じり合う。死者と生者の境も曖昧《あいまい》になる。夜明け前が一番暗い。生者に入り交じろうとする悪霊を払うため、篝火《かがりび》が焚《た》かれた。そして5月1日の朝陽が昇って春到来だ。暗から明の激変を、人々は爆発的な喜びとともに迎える。

自然崇拝《すうはい》のこの祭りは、キリスト教が勢力を伸ばして土着の信仰を邪教と見なし、駆逐《くちく》する過程で変質する。聖女ヴァルブルガの祝日を無理やり5月1日にすることで、異教の春の

魔女のサバト（ヨハネス・プレトリウス／1668年）

祭典はキリスト教の領分となり、直前の暗闇は魔の跋扈《ばっこ》する邪教の領分とされる。邪教は異端であり、異端者は悪魔崇拝者の魔女だ。

こうしてヴァルプルギスの夜は魔女らの集会となった。電灯のない時代、人々は夜を恐れて家にこもったのだから、平気で外に出るということ自体が魔女にしかできない業《わざ》だ。サバトではありとあらゆるおぞましい行為が繰り広げられるという。性を抑圧するキリスト教のもとでは、おぞましさの筆頭が性的放縦《ほうじゅう》となるのは必然であろう。魔女は淫乱《いんらん》とされる。

当時の魔女学の書物によれば、サバトにおいて魔王は牡山羊《おすやぎ》や犬の姿をして王座に腰かけており、魔女はそれぞれ嬰児《えいじ》の死体だの絞首刑になった男の舌などを捧《ささ》げ、忠誠の証《あかし》として彼の臀部《でんぶ》に口づけするのだそうだ。

その後は新参者の入会儀式や、災厄《さいやく》——悪天候、飢餓《きが》、病気など——を呼び寄せる魔術を行い、いよいよ無礼講《ぶれいこう》となる。食べたり飲んだり踊ったり、誰彼なしにフリーセックス。魔女の相手は、魔王、男の色魔、近親者、動物、死体までと幅広い。

オーディンの一時的な死から始まり、春を迎える準備として悪霊を払ったヴァルプルギスの夜が、ここまで捻《ね》じ曲げられたのだ。

フランシスコ・デ・ゴヤ『魔女たちの夜宴』（1797～98年）

スペインの山中でも繰り広げられるサバト。画面右には、悪魔の化身たる真黒な牡山羊にいけにえの赤子をさし出す魔女。

⚜オーディンとヒトラー

ところでオーディンはドイツでは通常ヴォータン。音楽愛好家はヴァーグナーの『ニーベルングの指環』を思い起こすに違いない。北欧神話を自由に翻案《ほんあん》したこのオペラにも、もちろん隻眼《せきがん》の老ヴォータンが登場する。

そしてヴァーグナーといえばヒトラーだ。ヴァグネリアン（ヴァーグナー心酔者《しんすい》）だったヒトラーは、バイロイト音楽祭（ヴァーグナー作品のみを演奏する）を支援し、ナチス党大会で「ニーベルンゲン行進曲」を演奏させた。またフランスのマジノ線に対抗して建設した要塞《ようさい》は、ヴォータンの孫の名をとってジークフリート線と名づけている。

さらにヒトラーの片腕として有名なゲッベルス。彼は小柄なこともあり、「小さなドクター」だの「腹黒いドワーフ」といったあだ名が付けられていたが、他に、なんと「ヴォータンのミッキーマウス」というものまである。それはつまりヒトラーがヴォータンに見立てられたということだ。

そんなヒトラーがオーディン（ヴォータン）の死と復活の神話を知らなかったはずがない。

となれば、ヒトラーが4月30日という日を選んで自殺したことに、何か意味があったと考える研究者がいても不思議はないし、また痛烈なナチス批判の書が、『第三のヴァルプルギスの夜』（カール・クラウス著）というタイトルなのも頷《うなず》けよう。

⚜近隣社会に溶け込む魔女

魔女は近隣社会に溶け込み、人と変わらぬ日常を送っている。ところが陰では妖術を使い、密《ひそ》かに農作物を枯らし、人間や家畜を呪い殺している。そして彼女らの総大将たる魔王に招集されれば、体中に特別な軟膏《なんこう》を塗り、箒《ほうき》にまたがって夜空を飛翔し、高い山上であれ、国境を越えた遠方の森であれ、サバトの開催地へ向かうのだ。狂騒に満ちた夜宴《やえん》は一番鶏の啼《な》き声とともに終わり、その後は文字どおり家へ飛んで帰って、何喰《く》わぬ顔でいつもの生活にもどる――そう信じられていた。

この裏の顔と表の顔をうまく表現した面白いバラードがある。19世紀の作家ヴィリバルト・アレクシスの詩に、レーヴェとブラームスがそれぞれ違う曲をつけた小品。タイトルは『ヴァルプルギスの夜』。

ルイス・リカルド・ファレロ『魔女の旅立ち』(1878年)

スペイン人画家ファレロのエロス満点のサバト。牡山羊、黒猫、コウモリ、箒と、アイテムもきちんと描き込まれている。

少年と母親の対話形式で進む。

「お母さん、夕べは雨と風がすごかったね」

「5月1日だもの、坊や」

「坊や、ブロッケン山で雷が鳴ってたね」

「坊や、あそこには魔女が集まっていたの」

魔女はどうやって飛ぶのか、村にも魔女がいるのかと質問攻めにする子どもに、母はいちいち答えてやる。そして最後に――

「お母さん、うちの箒が夕べはなかったね」

「坊や、あれはブロッケン山へ行ってたの」

「お母さん、お母さんも夕べはベッドにいなかったね」

「だってお母さんもブロッケン山で夜明かししたんだもの」(筆者訳)

⚜ヨーロッパ全土に吹き荒れた魔女狩りの嵐

魔女の存在は紀元前から知られていた。迫害例は数えきれないほどあったが、しかしそれは魔女と見なされた人間が明らかに反社会的行為をしたとの理由からである。変化は14世紀ころから起こり始める。ペストに繰り返し襲われ、長い氷河期で不作や飢餓が続き、ルターの宗教改革で社会不安が生じるなどの過程で、魔女は魔女というだけで罰せられるべきだという気分が高まり、ついに教会が魔女は死刑と決定したのだ（新約聖書には魔女の「ま」の字も出てこないのに）。

15世紀後半には、魔女とは何かを定義し、魔女裁判の段取り（要は拷問のやり方）を詳《しょう》述《じゅつ》した『魔女の鉄槌《てっつい》』が出版される。ドミニコ会士の異端審問官クラーマーの著書で、今でこそ悪名高いが、当時は各国語に翻訳されて良き参考書とされた。だが文字の読めぬ庶民に魔女の姿、魔女の行いをリアルに伝えたのは木版画のほうだ。大量に出回ったそれら魔女版画が、人々を疑心暗鬼《ぎしんあんき》に駆り立て、密告を奨励した。

こうしてカトリック、プロテスタントを問わず近世に至るまでの長期間、魔女狩りの嵐が――ブロッケン山の雷鳴もかくやの凄まじさで――ヨーロッパ全土に吹き荒れた。魔女と密告された人間（その大部分が庶民の女性）は、魔女の五つの条件（呪術の使用、悪魔との契約、悪魔との性交、飛行、サバトへの出席）に当てはまるかどうか裸にされて尋問《じんもん》され、ありとあらゆる拷問を受けて「自白」に追い込まれ、仲間の名も「白状」させられたあげく公開処刑された。多くは生きたままの火炙《ひあぶ》りで。

この狂信的集団ヒステリーを導いたのは、社会の支配層（イングランド王ジェームズ1世は『悪魔学』を著《あらわ》し、魔女取締法を強化した）や宗教人や知識人だった。しかし時代が下るにつれ、彼らのうちいったいどのくらいが魔女の存在を心底信じていたか、あやしくなってくる。小麦の値段と魔女狩りの明らかな連動は、社会的不満のガス抜きを想起させるし、魔女として処刑された者の財産を公的遺産と認可した市町村では、他のところより著《いちじる》しく魔女が多かった。また尋問記録を読むと、心理学者ならずとも、審問官のサディズムと抑圧された性的嗜好《しこう》がわかる。

魔女狩りの実相を知れば知るほど人間であることが嫌になってくる……。

⚜魔女裁判終息後のドイツ

魔女裁判はスイスにおける1782年の事例が最後とされる（異説あり）。もうすぐフランス革命という時期まで魔女狩りがあったことに、暗澹《あんたん》たる思いを抱かぬ者はいないだろう。魔女と認定されて殺された者の総数は、正確にはわかっていない。研究者によって4万、数十万、数百万と、大きな開きがある。いずれにせよ、拷問中に死んだ者はカウントされていない。

今やブロッケン山を含むハルツ地方の町々ではヴァルプルギス祭が開催され、世界中から仮装した魔女たちが集まる。魔女狩りにおける犠牲者はドイツが圧倒的に多かったという黒歴史は忘れられ、登山鉄道も通るようになったブロッケン山は明るい観光地だ。

しかしここに至るまでには、実はもうワンクッションあった。魔女裁判が終息し、一世紀強を経て第二次世界大戦も終結した時、ドイツは東西に分断された。ハルツには共産主義国と資本主義国の国境線が引かれ、ブロッケン山の頂は東ドイツの領土となって、ソ連の秘密軍事施設が建てられた。周囲は封鎖され、１９８９年のベルリンの壁崩壊まで、関係者以外立ち入り禁止だった。

魔女フェスティバルで盛り上がることのできる現代は、なんと平和で幸せなことか。

第九話　蛙の雨

起こるはずのないことが起こる

2000年日本公開のアメリカ映画『マグノリア』（監督《かんとく》P・T・アンダーソン）は冒頭、実際に起きた奇妙な事件を3例、ドキュメンタリー風に紹介している。偶然の重なりあいによって導かれた、とうてい現実にはありえないような出来事を、「それでもそれは起こった」と。

例えば、自宅アパートの屋上から飛び降り自殺を企《くわだ》てた青年は、転落死ではなく射殺だった。なぜなら彼は落下の途中、ある部屋から発射された銃弾に体を貫かれたからだ。しかも撃ったのは彼の母親！

狙ったわけではない。夫婦仲の悪かった彼女は夫を銃で脅し、引き金を引いた。まさか息子が飛び降りの最中とは知らずに。しかもその弾は夫には当たらずガラス窓を壊し、たまたまその瞬間、そのコースを落ちてきた息子に命中——こんな偶然の起こる確率など天文学的だということは誰にもわかる。それでもやっぱりそれは起こった。

本編はここから始まる。9人の主要登場人物の、互いに絡《から》みあった細い線が巧みに描かれる。誰もが心に深い傷を負い、人生と格闘しながらも少しずつ坂を滑《すべ》り落ち、のっぴきならぬ窮《きゅう》地《ち》に陥《おちい》ったその刹那《せつな》、それは起こる。突然の豪雨。だが降ってきたのは蛙。何千匹もの蛙が空から落ちてきて、地面に叩きつけられる。驚愕《きょうがく》がおさまると、9人はまるで慈雨《じう》を得て蘇《よみがえ》る草木のように再生してゆく……。

実はこの蛙の雨、フィクションではない。そう知っているか否かで、映画の後味はずいぶん変わってくるのではないか。

⚜「変なもの」が降ってくる

降るはずのないものが降る。この現象は今では「ファフロツキーズ（Fafrotskies）」と呼

ファフロツキーズ現象を描いた版画（『北方民族文化誌』／16世紀）
画面左に船が見える。港町で実際に起こった「魚の雨」の様子。

ばれる。「FAlls FROm The SKIES（空からの落下物）」の大文字を組み合わせた造語だ。

　蛙の例が多いがそればかりでなく、要は「変なもの」が降ってくること。オタマジャクシ、魚、亀や小型のワニ、植物、硬貨、血まである。初期の目撃譚は驚くなかれ、２０００年も昔の古代ローマ時代に遡《さかのぼ》る。記《しる》したのは、紀元１世紀の博物学者プリニウスと2世紀の著述家アテナイオス。前者は「ミルクや血が降ることもある」、後者は「蛙が大量に降って道も家も蛙だらけになった」と。

　その後しばらく記録は途切れるが、16世紀のイタリアの書物の挿絵に魚の雨が描かれているし、17世紀のイギリス人の手紙に蛙の雨について報告がある。18世紀の木版画には、ルーマニアにおける魚のどしゃ降りの様子が彫《ほ》られている、などなど。

次第に明らかになったのは、この現象がヨーロッパだけではなく、世界中で語り継がれてきたという事実だ。江戸時代の『和漢三才図会《わかんさんさいずえ》』にも「怪雨」として綿糸《めんし》のようなものが落ちてきたことが記されている。

19世紀以降は、現象自体が増えたのか、記録する者が増えただけなのかは定かでないが、とにかく目撃情報は格段に増える。アメリカの生物学者が、科学雑誌『サイエンス』に魚の雨について投稿したのは１９４９年だ。日本人にとって特に記憶に新しいのは、２００９年、石川県七尾《ななお》市にオタマジャクシの雨が降り、１００匹を数えたという新聞記事だろう。ネットで写真も見られる。

『マグノリア』における凄《すさ》まじい蛙の雨は、１９０１年のミネアポリスでの事件が元になっていよう。なんとこの時は町の４ブロックが蛙で埋め尽くされたというのだ。

さて、近代文明人たる我々がこの現象を解明したかといえば、全くそんなことはない。仮説はたくさんあっても万人を納得させられないのだ。竜巻説では、なぜ落下してくるものが1、2種類に特化されるのか、理由が説明できない。鳥が口にくわえて落としたという説は、大量落下の説明には不十分だし、空に鳥の群れがいたとの証言もない。テレポート（瞬間移動）説や宇宙人の実験説は、トンデモ論扱いされている。いたずら説は大いにあり得るが、全部がそうだったというには事例が多すぎる。

錯覚説も同様だ。あるはずのない場所に魚や蛙が散らばって落ちていれば、目撃したわけでもないのに空から降ったと思い込み、ひいては降ってきたのを見たと錯覚する人間の心理だ。しかし先述した生物学者の場合は、レストランにいて従業員に促《うなが》されて空を見上げ、魚が降ってきたのをはっきり見たと書いてある。ミネアポリスの例も多くの目撃者がいるので、錯覚説は成り立たない。

そもそもなぜ蛙が多いのか、非常に奇異《きい》なことではある。謎は解けぬまま、それでもやっぱりそれは起こったし、起こり続けている。

人知を超えたこの現象が科学的に説明される日がくるのだろうか。そうなれば、イグノーベル賞受賞は間違いなし。

第十話　ドラキュラ

ルーマニアの歴史

2015年、ロイター発のこんなニュースが世界を駆けめぐった——ルーマニアで開催の音楽祭が輸血センターと提携《ていけい》し、「我々は大変な問題（bloody problem）に直面している。血（blood）が必要なのはヴァンパイア（吸血鬼）だけじゃない。吸わずに提供を！」と呼びかけたというのだ。献血《けんけつ》するとチケット代が割り引かれた由《よし》。

なんと洒落《しゃれ》たPRだろう。ルーマニアとヴァンパイアがセットなのを世界中に思い起こさせ、巧《たく》みな観光誘致にもなっている。近年はトランシルヴァニア地方のブラン城をドラキュラ城として大いに売り出し中でもあり、ヨーロッパでの存在感の薄さをカバーしたいという、その意気込みや、良し。

ルーマニアが国家として成立したのはかなり遅い。古代ローマ時代には野蛮人《やばんじん》が住む辺境の地と見なされ、やがて帝国に征服される。14世紀にようやくワラキア公国とモルドヴァ公国が生まれたが、オスマン・トルコとの度重なる戦《いくさ》の末、ついにその支配に屈した。19世紀半ばにルーマニア公国となったが、国際社会から正式に独立国と認証されたのは１８７８年だ（ルーマニアという名は「ローマ人の国」を意味し、自らを古代ローマ人の子孫と宣言したと同じ）。

その後も平坦な道のりではない。第二次世界大戦では日独伊とともに枢軸《すうじく》国側で戦って敗戦。戦後はソ連により王政廃止のうえ共産主義化され、１９６５年からは悪名高いチャウシェスクの独裁政権が四半世紀も続く（体操界の妖精と呼ばれたあのコマネチが、無理やりチャウシェスクの息子の愛人にされている）。

そしてベルリンの壁崩壊の１９８９年がやってきた。ルーマニアでも革命が勃発《ぼっぱつ》し、チャウシェスク夫妻（妻も副首相として権力を振《ふ》るっていた）は首都ブカレストから逃亡したが、トゥルゴヴィシュテで捕まる。ただちに軍事裁判にかけられ、６万人の国民虐殺と不正蓄財の罪で即日銃殺された。12月25日のクリスマスだった。処刑の一部始終はテレビで世界中に流され衝撃を与えたので、記憶する日本人も少なくないだろう。

⚜「串刺し公」ヴラド3世

さて、血なまぐさいこの事件が他ならぬトゥルゴヴィシュテで起こったことに、何やら因《いん》縁《ねん》めいたものを感じざるを得ない。というのも、この町はドラキュラと深く関係しているからだ。かつてここには、ワラキア公国の君主ヴラド3世（1431～1476）の居城があった。城はすでに破壊され、今やわずかな残骸《ざんがい》があるばかりだが、周辺の建物とともに博物館として公開されている。トランシルヴァニア生まれのこのヴラド3世こそが、ヴラド・ツェペシュ、またドラキュラ公という二つの異名で知られる伝説的人物。ルーマニア人にとっては、トルコ軍を（一時的とはいえ）撃退した英雄でもある。

ツェペシュは「串刺しにする者」の意で、文字どおり敵や裏切り者をおおぜい串刺し刑に処したことから付いたあだ名だ。もう一つの「ドラキュラ」は、当時まだ吸血鬼と結びついていなかった。父王ヴラド2世がドラゴン騎士団の一員となり、そこからヴラド・ドラクル（竜王）の異名をたてまつられたため、息子の3世が「ドラクルの子」ないし「竜の息子」

ドラキュラのモデルとされた
ヴラド３世の肖像
（作者不詳／1560年頃）

を意味する「ドラキュラ」と呼ばれたのだ。面白いことにドラゴンには竜の他に悪魔を指す場合もあり、ヴラド3世の残酷さが喧伝《けんでん》されるに従って、竜より悪魔的意味合いのほうが大きくなる。

串刺しに関しては、トルコ軍の斥候《せっこう》が城から遠く離れた森で見たとされる。さまざまな高さの杭《くい》が半円形に1・5キロほども並べられ、トルコ人捕虜の死体が何万体も突き刺さっており、その陰惨《いんさん》な光景に怖気《おじけ》づいて早々に軍も撤退したという。戦乱の時代なので、あり得

ドラキュラ城のモデルとなったルーマニアのブラン城
(ルートヴィヒ・ローボック/1883年)

ないことではない。

また同時代の年代記には次のような記載もある。ヴラド3世はトゥルゴヴィシュテに貧民、物乞い、病人などを一ヵ所に集めて建物ごと焼き殺し、これで国は豊かになったとうそぶいたという。次第に話は陰惨の度合いを増し、拷問や八つ裂きを見ながら食事を楽しんだ、血を見るのを好んだ、云々《うんぬん》と、「ドラクルの息子にして串刺し公」のイメージは吸血鬼めいてゆく。

トゥルゴヴィシュテの彼の居城が現存しないのも、伝説にとってはむしろ幸いだった。平城より山城のほうがはるかに趣があるからだ。トランシルヴァニアの断崖《だんがい》絶壁に建つブラン城は祖父ミルチャ1世の居城で、ヴラド3世自身はごく短期間使用しただけらしいが、それでもドラキュラ城と呼ぶにふさわしく、陰々と赤い尖塔《せんとう》を空に突き刺して威容を誇っている。

かくしてブラム・ストーカーの小説『吸血鬼ドラキュラ』誕生の下地はできたのだった。

⚜小説『吸血鬼ドラキュラ』

アイルランド生まれの作家ブラム・ストーカーが『吸血鬼ドラキュラ』をイギリスで刊行したのは、１８９７年。恐怖小説の古典として今なお世界中で愛読され、映画化も数限りない。ドラキュラと言えば吸血鬼の代名詞扱いだ。

しかし実のところ、死者が蘇って生者の血をすする吸血鬼伝承は驚くほど起源が古く、世界中にさまざまな名称で存在してきた。ヨーロッパでもすでに古代ギリシャからあったとされるが、ヴァンパイア（vampire）という言葉が用いられるのは18世紀以降だ。リトアニア語の「wempti（飲む）」から来たらしい（異説もある）。

吸血鬼信仰は人間のもつ、死にたくない、死んでもなお生きていたい、という凄《すさ》まじい生への執着からきていよう。そこへさまざまな要素が流れ込む。大規模なペスト禍、血を聖なるものと捉《とら》えるキリスト教、不老不死をめざした錬金術、早すぎた埋葬、腐らぬ遺体、死者への未練、吸血コウモリ、血液の病気などが撚《よ》り合わさってヴァンパイアへと結晶した。

生ける死者の目撃譚は、当然ながら中世の闇が払われると激減したが、18世紀末からのロマン主義時代に劇的に再燃する。啓蒙思想や物質主義への反感が、超自然的存在を信じていた過去への懐古《かいこ》を促したのだ。当然ヴァンパイアも復活する。ポリドリがバイロンの名で発表した『吸血鬼』、ゴーチエの『死女の恋』、レ・ファニュの『女吸血鬼カーミラ』、さらには大量の通俗本もでまわったが、そうしたありとあらゆる吸血鬼ものの集大成というべき作品がストーカーの『吸血鬼ドラキュラ』だった。

インテリで学究肌のストーカーは、新しい吸血鬼小説を書くにあたり、これまで出版された諸作品は無論のこと各地の民間伝承の資料を読み漁ったり、大学の教授に教えを乞うたりするうち、ヴラド3世に行き当たる。自作の主人公の名をドラキュラに決めたのは、その異国的な響きが気に入ったからだ。遠いトランシルヴァニアに居城を持つ高貴で謎めいた伯爵という設定も、エキゾティシズムの効果を十分踏まえてのことである。

小説の構造は記録形式となっており、若いイギリス人ハーカーの日記、彼の妻とその友人ルーシーの手紙、医者の日記、新聞記事、吸血鬼退治の学者ヴァン・ヘルシングの手記などが入り交じり、少しずつドラキュラの全貌《ぜんぼう》が浮かび上がってくるとともに、あたかも現実の出来事であるかのように読者に思わせる仕掛けだ。

驚いたことに、作者は一度もトランシルヴァニアへ足を踏み入れたことがないにもかかわらず、その独特な雰囲気をみごとに活写している。この一帯はルーマニア中部に位置し、カルパチア山脈と南カルパチア山脈（＝トランシルヴァニア山脈）にはさまれて交通の便が悪く、当時の住民のほとんどは極貧《ごくひん》で文字が読めず、啓蒙の光もなかなか射し込まなかったため、中世からの迷信が永らえてきたと言われている。彼らの心のうちには、狼と同じく吸血鬼も実在し、家の庇《ひさし》には魔除けのニンニクをぶら下げていた。いかにもドラキュラにふさわしい舞台ではないか。彼はここで誕生し、大都市ロンドンへ渡って恐怖をまき散らすことになる。

ドラキュラ伯爵の魅力

最初の登場でドラキュラ伯爵は老いて長い白ヒゲを生やしているが、人間の生き血をたっぷり飲んだ後は若返って髪も黒くなる。背は高く、鷲《わし》のように精悍《せいかん》な顔、太い眉、蒼白《そうはく》の肌、生々《なまなま》しく赤い唇、鋭い犬歯《けんし》、そして深い教養、貴族的立ち居振る舞い。だが鏡に姿は映らず、日光とニンニクと十字架に怯《おび》える。陽《ひ》があるうちは地下の棺《ひつぎ》で眠り、夜に血を求めてさまよう。

ドラキュラ伯爵の魅力は、超人でありながら凡人にはどうということのないものがアキレス腱《けん》になっていること、そして何よりセクシーで、死とともに恍惚《こうこつ》を与えることだ。それは残虐なだけのヴラド3世とも、伝承の中の吸血鬼たち（犯罪者、自殺者、破門された者がなる）とも決定的に違う。

ストーカーの語り自体がきわめて映像的なところへもってきて、時代はすでに映画という新技術を生み出していたので、両者は幸せな結婚をする。ドラキュラは無声映画になり、トーキーになり、カラー映画になって人々の無意識に深く入り込み、魅力はいっそう増すばかりだ。ドラキュラ定番の、真っ黒な長マントは映画が付け足したものである。

連綿と美術で表現されてきた「死と乙女」を思い出してほしい。この主題は、はじめは単なる「生のそばにいる死」にすぎなかった。そのうち「生の謳歌《おうか》＝若く美しい裸体の娘」を無情にあの世へ連れ去る「死＝骸骨《がいこつ》」になり、次いで「死」に凌辱《りょうじょく》されて貞操《ていそう》を失う図へと進む。さらに「死」がフード付きマントや翼で見た目の「醜」を脱すると、「乙女」もまた「死」に魅了されてゆくのだ。

ここへきてドラキュラとも重なる。

現代の我々がイメージするドラキュラは、エロスとタナトス（死への欲動）の目くるめくエクスタシーを約束する存在だ。彼を前に怯える美女は、死を恐れているのか、それとも恍惚の予感に震えているのか……。

ドラキュラが闇のスーパースターになった理由は、そこに違いない。

第十一話　犬の自殺

自死する犬

犬が自死することはありえるのだろうか？

吉村昭の短編集『天に遊ぶ』は、現実に起こった出来事をもとに作品化しており、その中の「自殺」はこんな話だ——愛犬の具合が悪くなり獣医のところへ連れてゆくと、末期癌《がん》でこれから苦痛が生じるから、安楽死も考慮に入れたほうがいい、と言われる。帰宅してすぐその犬は（それまで一匹では外へ出たことのない室内犬なのに）、いきなり猛ダッシュで往来の激しい道路へ飛び出て車にはねられ即死した。自殺のようだった。

筆者も友人から直接こんな体験談を聞いた。彼女のペットは中型犬で、高層マンション内で飼っていた。ある日、犬に留守番させての外出の際、ベランダの窓はいつものように細く開けておいた（いずれにせよ犬は高所を怖がり、それまでベランダへ出たことは一度もない）。帰宅すると、犬は墜落死《ついらくし》していた。警察の検証によれば、自分で戸を開け、ベランダへ出て、狭い手すりの隙間《すきま》からそうとうに無理をして体を通し、自らの意志で落ちたとしか考えられない、と。なぜ自殺したのだろう、と彼女は取り乱していた。

犬が飛び降りる橋

スコットランドのダンバートンにオーヴァートン・ハウスがある。建設されたのは19世紀半ば過ぎだが、いわゆる「スコットランド男爵建築」と呼ばれる様式で、中世風の塔を持つ古城の趣《おもむき》だ。

30年ほど後、この城と近村を隔《へだ》てていた川に石橋が架けられた。何の変哲もない殺風景な橋だが、霧の濃い夕暮れなどには目の前に聳《そび》え立つ擬古城《ぎこじょう》とともに薄気味悪い雰囲気を醸《かも》し出したのかもしれない。

さらに半世紀が過ぎた１９５０年頃、オーヴァートン橋で怪異が始まる。しかしそれは霧や闇とは正反対の、よく晴れた日中に、しかも橋の決まった場所で起こるのだった。自殺橋の異名もつく。ただし13メートルの高さから飛び降りて死ぬのは人間ではなく、犬。それもコリーやレトリーバーといった、鼻先の長い大型狩猟犬に限られた。

いったい今まで何頭の犬が命を落としたか、正確な数は不明だ。50頭、いや、600頭だと噂されるが、実際に飼い犬と橋を散歩していて、いきなり犬がリードを振り切って飛び降りたり、飛び降りかけたのを危《あや》うく引き留めたりという事態に陥《おちい》った生き証人はさほど多くない。飛び降りても命に別条のなかった犬もいるので、せいぜい5、6頭が死んだだけと考える者もいる。

とはいっても、オーヴァートン橋から飛び降りたがる犬が相当数いたのは紛《まぎ》れもない事実だ。橋には近年プレートも取り付けられた。犬をつれて渡るときにはリードを放さないように、との警告文である。

⚜橋の謎

謎を解明しようと、さまざまな説が唱えられた。この土地はケルト神話におけるシンプレイス（霊界に近い場所）だからとか、古城の幽霊が誘うとか、かつて数キロ先の軍港で潜水艦のソナーが発せられて犬の聴覚を攪乱《かくらん》した、等々。どれも万人を説得するには至らなかった。

最新且《か》つ科学的にもっとも納得できるとされるのは、嗅覚《きゅうかく》説。オーヴァートン橋の下にはミンクが群棲《ぐんせい》しており、天気の良い日はその臭いが橋上まで立ちのぼってくるため、狩猟の血が騒いだ犬が、後先考えず飛び降りた、というもの。まるで猫にマタタビだ。狩猟犬はそんなに愚かなのか？　その点に関しては、下に灌木《かんぼく》が生い茂っていて橋の高さを見誤った可能性がある、と補足されている。

もちろんこの説もまた、万人に受け入れられているわけではない。なぜなら、世界中の橋のうちオーヴァートン橋だけに魅力的なミンクの香り（？）が立ちのぼってきているとは信じがたいからだ。他の橋で同様の犬の行動が見られない限り、これで解決とはならない。また目撃情報によると、飛び降りた犬が再び橋にもどってもう一度飛び降りたこともあったというから、それが本当ならますますミンク説は揺らぐ。

そもそも科学的検証には、犬は自死するだけの頭脳や魂《たましい》を持たないという前提条件が付いている。人間と動物を厳然と分かつキリスト教的思想からすればそうなるわけだが、日本人の多くは輪廻《りんね》転生《てんしょう》で人間が動物にも虫にも生まれ変わりえると漠然《ばくぜん》と思っているので、犬の自死も受け入れやすいのだろう（なぜこの橋からか、という謎は残るにしても）。

もしかすると、犬の自殺は世界各地で想像以上に多いのかもしれない。だが遥《はる》かに多いのは獣医の自殺のようだ。スイスの日刊紙『NZZ』によれば、獣医は人間相手の医者の5倍も自殺者が多い。動物の寿命は短いため、動物好きの獣医はひんぱんに死と向き合い、それがストレスとなるのではないか、とのこと。

第十二話　ホワイトハウスの幽霊

リンカーンの幽霊

アメリカ大統領の公邸にして政権中枢《ちゅうすう》でもあるホワイトハウスには幽霊が、それもエイブラハム・リンカーンの幽霊が出ることは（アメリカ人なら）誰でも知っているのだそうだ。

歴代大統領で人気ナンバーワンを誇るリンカーンだけに、彼の幽霊を見たとされる人も錚々《そうそう》たるメンバーだ。イギリス首相チャーチル、オランダ女王ヴィルヘルミナ、ルーズベルト大統領夫人エレノア、アイゼンハワー大統領の報道官ハガティ、トルーマン大統領の娘、レーガン大統領の娘など。

他にホワイトハウスのスタッフも入れると、目撃者は50〜60人ではきかないだろう。リンカーンの幽霊は窓からポトマック川を眺めていたり、客人の泊まっている部屋の扉をノックしたり、ホールを歩きまわったりするようだ。遭遇《そうぐう》して気絶した女性もいたというが、建設後たかだか200年余の、しかも明るい白い壁とあっては、幽霊の出方も迫力に欠ける（1000年近い血塗られた歴史をもつロンドン塔のおどろおどろしさとは比べものにならない）。

リンカーンが予知夢を見た話もよく知られている。彼は暗殺数日前、妻や友人らに次のような話をした由《よし》――ホワイトハウスのイースト・ルームに棺《ひつぎ》が置かれ、皆が泣いている。誰が死んだのかと訊《き》くと、大統領が暗殺されたのです、との答えが返ってきた。

こうした言い伝えや幽霊譚は、果たしてどこまで証明できるものだろう？　目撃者にしても、心では信じていても公的な場で改めて訊かれれば否定するかもしれない。幽霊譚ほど説明が難しく、他人に信じてもらいにくいものはないのだ。

⚜リンカーンとケネディの奇妙な一致点

では、絶対的事実の呈示《ていじ》だけでこの世の不思議を味わえるエピソードを見よう。リンカー

暗殺される直前のケネディ大統領
（ヴィクター・ヒューゴ・キング撮影／1963年）

ンとジョン・F・ケネディとのシンクロニシティ（共時性《きょうじせい》、ないし意味ある偶然の一致）についてだ。

第16代大統領リンカーンは「人民の人民による人民のための政治」という演説、また南北戦争を終結させて奴隷解放宣言を発《はっ》布《ぷ》したことで歴史に名を残した。だが奴隷解放に反対する暗殺者によって、芝居の観劇中に撃ち殺された。

第35代大統領ケネディも人種差別問題に取り組んだ。またキューバ危機を乗り越え、宇宙開発や対ソ協調外交でも成果を出し、これからいっそうと期待されたさなか、ダラス遊説のパレード中に狙撃《そげき》された。

活躍した時代におよそ一世紀の開きがあ

る2人だが、奇妙な一致点が異様なまでに多い。

- リンカーンが連邦下院議員に初当選したのは1846年、その100年後の1946年にケネディが連邦下院議員に初当選。
- リンカーンの大統領選出は1860年、ケネディの大統領選出はそのちょうど100年後の1960年。
- 大統領選の対立候補は前者ダグラスで1813年生まれ、後者ニクソンで100年後の1913年生まれ。
- ケネディの秘書官の一人はリンカーンという名だった。
- リンカーンはフォード劇場で撃たれ、ケネディはフォード社製リンカーンに乗っていて撃たれた。
- どちらも後頭部を狙《ねら》われている。公衆の面前での暗殺の場合、ふつうは胸部を狙うことが多いにもかかわらずだ。
- 両大統領とも厳重な護衛を嫌がった。リンカーンの場合、桟敷席《さじき》にボディガードはいなかったし、ケネディの場合、オープンカーのルーフを取り外させてパレードで手を振っ

芝居観劇中に銃殺されたリンカーン大統領を描いた版画
（カリアー＆アイヴズ／1865年）

劇場の２階桟敷席。暗殺者のピストルが白煙を吹く（当時の銃はそうだった）。隣の夫人は音に驚く。左端のラスボーン少佐はすでに立ち上がり、犯人に突進しようとしている。

た。

・どちらも撃たれたのは金曜日（イエスが磔刑《たっけい》された曜日なので、キリスト教徒にとっては特別な意味あいをもつ）。

・隣に妻が座っていたが2人とも無事。他に一組のカップルがいて、男のほうが重傷を負っている（リンカーンと桟敷席に同席していたのはラスボーン少佐とその婚約者。少佐は犯人に体当たりしてナイフで刺された。ケネディと同乗していたのはテキサス州知事

リンカーン大統領暗殺事件の
指名手配書

コナリーと夫人。流れ弾が知事の体を貫通《かんつう》した)。

•リンカーンを殺したブースもケネディを殺したオズワルドも、裁判にかけられる前に射殺された。前者は逃げる途中で警官に、後者は護送途中でジャック・ルビーに。

•ブースは劇場で撃ち、納屋(倉庫)に逃げた。オズワルドは倉庫から撃ち、劇場(映画館)へ逃げ込んだ。

•両大統領の後を継いだ副大統領はどちらも南部出身の民主党員で、名はジョンソン。アンドリュー・ジョンソンは1808年生まれ。リンドン・ジョンソンは100年後の1908年生まれ。


——驚愕するばかり。

第十三話　エクソシスト

21世紀のエクソシスト

もう十数年前になるだろうか、友人の修道女（当時はアメリカ在住）からこんな話を聞いた。エクソシストの資格を持つ神父の体験談だという。

——ある一家が悪魔の取り憑《つ》いた家を購入してしまい、さまざまな怪異や不幸が続くため困り果て、悪魔祓《ばら》いを頼んできた。行ってみると建物全体が澱《よど》んでいたが、赤ちゃんのいる子ども部屋だけは清浄だった。数日悪魔祓いの儀式を行い、大丈夫と思われたが、結局その家族は引っ越した。

これだけだ。

俗世の人間としては儀式の細部を知りたいところだし、悪魔は退散したのか、今なお棲《す》みついたままなのかも明らかにしてほしかったが、彼女自身がそうしたことに関心がなく、いっさい訊《たず》ねなかったという。エクソシストの数は非常に少なく、直接会う機会もめったにないので、彼女としては神学について教えを受けることのほうが大事だった由《よし》。

それにしても、21世紀になってなおエクソシストの出番があるということに、その時はかなり驚かされた。もちろん『エクソシスト』（監督W・フリードキン、1973年アメリカ映画）は観《み》ていたし、そもそもエクソシストという存在を知ったのもこの映画からだったが、だとしてもあくまで作り話の域を出るものではないと思っていた。

⚜悪魔に憑かれた女性

しかし映画公開の3年後、ドイツでアンネリーゼ・ミヒャエル事件が起こる。これはアンネリーゼという20代の女性に悪魔が憑いたと信じた両親が、エクソシスト2人に依頼したのが発端だ。エクソシストはアンネリーゼにルシファー、カイン、ユダ、ヒトラーなどが憑《ひょう》依《い》しているとして、10ヵ月にわたり70回近い過酷な儀式を執《と》り行った。その結果、彼女は栄養失調と脱水症状で死去（体重は30キロにまで落ち、跪《ひざまず》いただけで脚を骨折した）。２人のエクソシストと両親は告訴され、怠慢《たいまん》による過失致死罪で全員有罪となる。儀式を許可したカトリック教会そのものにも非難が集まった。

世界中がこの事件に震撼《しんかん》し、悪魔祓いに対して規制が厳しくなったという情報が日本にも入っていたので、これを機にエクソシストはほぼ消滅したとばかり思っていた。ところがそうではなかった。２００５年に教皇となったベネディクト16世が——前教皇と異なり——悪魔祓いの儀式を広く支持。以降、エクソシストの需要は急増しているという（先述の友人がエクソシストから話を聞いた時期とまさに重なる）。

今ではその頃よりさらに需要が増え、エクソシストの数が足りないため電話での遠隔儀式まで行われているらしい。歴史という不思議な生きものは一直線には歩まないということだろう。

聖書に書かれたエクソシズム

キリスト教は悪魔の存在を前提としている。エクソシスト（exorcist）とは、「悪魔祓いを

フランシスコ・デ・ゴヤ
『悔悛しない瀕死の病人に付き添う聖フランシスコ・ボルハ』
（1815年）

する祈禱師《きとうし》、祓魔師《ふつまし》」の意で、エクソシズム（exor-cism）、即《すなわ》ち「悪魔を追い払うこと、悪霊除《よ》け、厄除け」を行う者を指す。語源はギリシャ語のexorkismosで、これは「厳《おごそ》かに問いかけること、または勧告」であり、悪霊に勧告し、退去を命じること。それがエクソシズムの主目的だ。またエクソシズムが教会法の定める秘跡《ひせき》の一つであることは、一貫して変わらない。

エクソシズムを行ったもっとも著名な人物といえば、イエス・キリストその人。マタイ伝、ルカ伝、マルコ伝の三福音書に記された「ガダラの豚」のエピソードである。

——イエスが弟子たちとガダラの地へ到着すると、墓場に住んでいた2人の男が近づいてきた。2人は穢《けが》れた悪霊らに取り憑かれていたので、叫び、暴れ、自傷他傷を繰り返し、町の人は誰も近づけないほどひどいありさまだった。しかしイエスに面と向かうと憑依していた悪霊は怯えだし、こう頼んだ。人間の体から出されて底知れぬ場へ追放されるよりは、近くの豚の群れに憑かせてほしい、と。

イエスは言った、「行け！」。

するとそれまでおとなしくしていた不浄《ふじょう》の家畜（ユダヤ人は豚を食べない）が突如としてパニック状態に陥り、狂乱して我先にと走りだす。その数、二千頭と言われるほどの大群だったが、それが高い崖からはるか下の湖へ飛び込み、ことごとく溺れ死んだ。

この場合、奇跡を行うイエスのパワーが強力なため、悪霊は勧告される前に自ら出てきて、「行け」という退去令に従ったのである。

では通常のエクソシストなら？

映画『エクソシスト』の老神父は悪魔との壮絶な戦いに敗れて命を落とした。17世紀フランスで実際に起こった「ルーダンの悪魔」事件はどうだったか。

⚜ルーダンの悪魔憑き

ルイ13世時代のフランス。まだパリ以外は恐ろしく田舎だった頃の中西部ルーダンで、集団悪魔憑き事件は起こった。

この町には１６２７年に聖ウルスラ会の女子修道院が建てられ、17人の修道女で運営されていた。会はもともと少女の教育と育成に力を入れていたので（聖ウルスラは女学生の守護聖人）、修道女の多くは貴族や名士の娘たちだった。25歳で修道院長になったジャンヌ・デ・ザンジュ（Jeanne des Anges＝天使のジャンヌ）も、俗名はジャンヌ・ド・ベルシエ。

血筋はシャルル7世に繋《つな》がるほどの家柄である。ただし彼女は病性変形により背中が丸く突出していたため親に疎《うと》まれ、結婚という選択肢《し》はなかった。

同時期、ルーダンの教会にユルバン・グランディエという主任神父がいたが、こちらはかなりの問題児（と言ってもジャンヌより一回りも年上の男盛り）で、諷刺詩《ふうし》を書いたり独身主義に異を唱えたりと、神父にあるまじき奔放《ほんぽう》さで知られていた。それだけではない。知的でエネルギッシュ、何より強烈な性的魅力によって女たちの憧れの的《まと》であり、人妻だろうと結婚前の娘だろうと手当たり次第に誘惑し（なかには彼の子を宿した者もいたらしい）、男たちから憎まれていた。

1632年、修道院の霊的監督官が亡くなり、院長のジャンヌがグランディエに後任を依頼したが、拒絶される（彼のほうから立候補して、上層部に却下《きゃっか》されたとの説もある）。それまで両者は一度も顔を合わせていないと言われるが、修道院といっても小さな屋敷にすぎないので、ジャンヌも他の修道女たちも窓から、あるいは庭に出ていて、グランディエの姿を見かけたことはあったろう。何の楽しみもない狭い町なので、彼の女性がらみの噂は修道院といえども伝わってくる。皆、この悪徳の男に眉をひそめた。

グランディエが監督官にならないことが確定してまもなく、ジャンヌに悪魔が取り憑いた。

汚い言葉を喚《わめ》き、痙攣《けいれん》し、嘔吐《おうと》し、院内を走りまわった。ふだんは今までどおりなのに、何の前触れもなく突如として荒れ狂う。痩《や》せて小柄で背に瘤《こぶ》をもつ院長のその異常な振る舞いに、他の修道女たちはおろおろし、恐怖に身をすくめた。実家へ連れ戻された者も出た。だがそのうち――まるで将棋倒しの駒《こま》のように――1人また1人と院長に感染してゆき、ついには全員が悪魔憑きとなってしまう。

⚜修羅場《しゅらば》と化した修道院

十数人もの修道女がいっせいに体をよじり、人間離れした声で吠《ほ》えだすと壮観だ。修道院は絶えざる修羅場と化し、外に隠しおおせるものではなくなる。ゆゆしき事態だというので、国中から学者や役人や神父、エクソシスト、おまけに物見高い野次馬連中までが押し寄せてきた。

それら見物人を前にしての公開悪魔祓いが始まる。はじめは物静かにしていた修道女たちが、エクソシストによって呼びだされた悪霊の顔に変じるやいなや、処女とは思えぬ卑猥《ひわい》な言葉を吐きだし、床をのたうち回る。フードは外れ、剃《そ》った頭が剝《む》き出しになってもかまわず、気味悪いしゃがれ声で笑い、旅芸人のようにアクロバティックな動きで人々の度肝《どぎも》を抜く。

そして彼女らは口々に言うのだった。夜中にグランディエが壁を抜けて寝室へ入ってきた、グランディエにそそのかされて淫《みだ》らな行為に及んでしまった、グランディエが悪霊を我が身に吹き込んだ、グランディエが、グランディエが……。

グランディエは逮捕される。そこから2年にわたる厳しい審問、いや、拷問が続いた。両目を潰《つぶ》されても、グランディエは悪魔と関わったことを認めなかった。女性関係や神父として褒《ほ》められない行為をしたことは認めても、悪魔については頑《がん》として否認した。これには(表立っては言えぬまでも)彼を褒めている同時代人もいる。グランディエは無実であり、修道女たちの性的欲求不満による集団ヒステリー(こうした現代用語は使わぬまでも)を利用して、彼を追い落とそうとする勢力の存在を薄々感じていたのだろう。

やがてグランディエが悪魔と交わした契約書(誰かが捏造《ねつぞう》したに違いない)が発見された。逆向きのラテン語で書かれたもので、これもグランディエは否定したが、裁判の行方はとうに決まっていた。生まれる時代を間違えたルーダンのカサノバは、有罪を言い渡されて生きたまま火刑に処せられる。1634年のことだった。

悪魔に憑かれたルーダンの修道女たち

人間離れした修道女たちの跳躍。男たちはひるんだように見守るしかない。

グランディエが
悪魔と結んだとされる契約書

このおぞましい事件は資料も豊富なので、夥《おびただ》しい数の研究書が出ている。歴史小説ではオルダス・ハクスリー『ルーダンの悪魔』、ヤロスワフ・イヴァシュキェヴィッチ『尼僧《にそう》ヨアンナ』が有名。どちらも映画化された。

第十四話　貴種流離譚

⚜幽閉された「仮面の男」

民俗学者の折口信夫《おりくちしのぶ》が命名した「貴種流離譚《きしゅりゅうりたん》」とは、「高貴な血脈に生まれながら自国を遠く離れてさすらい、数々の試練を経て神や尊い存在になる」という説話の一型を指す。

これは民の側から見れば、自分のすぐ近くに身をやつした貴人がいるかもしれない、との期待にもつながる。正体不明の謎の人物を「流離した貴人」と見なす、いくつかの例を見てゆこう。

まずは太陽王ルイ14世下のフランス。

その男がバスティーユ監獄で息を引き取ったのは、１７０３年。死後ただちに所持品や関連品（家具、寝具などのほか、男が被《かぶ》らされていた仮面も含まれていた）が焼却《しょうきゃく》され、彼の生きた証《あかし》はほぼ全て消されてしまった。にもかかわらず、男への関心は今に至るも消えていない。

なぜルイ14世自らの指示で、34年もの長きにわたって幽閉され続けたのか。なぜ監獄長から丁重《ていちょう》に扱われ、衣食の贅沢《ぜいたく》を許され、楽器まで与えられ、定期的に医者の診察も受けていた代わり、人前では仮面ないし絹のヴェールを強制され、外《はず》したら「即、死刑」と厳命が下っていたのか。彼は誰だったのか、何をしたのか、なぜかくも厳重に世間の目から隠されたのか？

この史実の謎をさらに魅力的に発展させたのが、19世紀フランスの大エンターテインメント作家アレクサンドル・デュマだ。彼は『ダルタニャン物語』の第3部に件《くだん》の男を登場させ、顔を隠すツールもおどろおどろしい「鉄仮面」に変え、正体をルイ14世の双子の弟とした。そしてその秘密を知った三銃士の1人が、現王ルイと鉄仮面を入れ替えようとして政治陰謀劇が繰り広げられる。

確かに太陽王と同じ顔なら表には出せず、死んだも同然の生涯を強《し》いる一方、特別扱いしないわけにはゆかないだろう。

太陽王の影の部分

ルイ14世は生前から「神の子」と呼ばれていた。誕生がいささか特殊だったからだ。父王にあたるルイ13世は女嫌いで知られ、スペイン・ハプスブルク家から嫁いできたアンヌ・ドートリッシュへの関心は薄かった。それでも夫婦は王朝をつなぐべく義務を果たし、王妃は数回妊娠した。あいにくどれも流産に終わり、その後、王は全く妃を顧《かえり》みなくなる。ところが驚いたことに結婚23年も経《た》ち、36歳のアンヌは男児を産む。まさに奇蹟と思われた。それがルイ14世だ。宮廷雀《すずめ》は囁《ささや》きかわした、父王の子ではなく、宰相《さいしょう》マザランの子ではないか、妊娠がわかってから、あわてて王とベッドを共にしただけではないか、と。王妃と宰相の関係は以前から公然の秘密だったのだ。

　こうした誕生エピソードをもつ太陽王だけに、影の部分は濃いはずだと後世の人々も想像をめぐらせた。デュマのような作家ならなおさらで――王妃は双子を産むが、それは公には伏せられた。なぜなら当時はまだ双子を忌《い》む風潮もあったし、それ以上に心配されたのは、兄弟ともども順調に育った暁《あかつき》には（ローマ建国神話の双子ロムルスとレムスの血みどろの闘いのような）王位継承権争いが生じる危険がある。こうして密かに里子に出された弟は、長ずるに従って太陽王とそっくりになってゆく。やがて自分に弟がいると知った王は投獄を決める。

デュマ作品はレオナルド・ディカプリオ主演（一人二役）で映画化された（『仮面の男』）。そこではさらに一ひねり加えられ、原作で失敗に終わった王交換が成功し、悪《あ》しき兄に鉄仮面が被せられて善き弟が玉座に座り、フランス絶対王政確立と繁栄につながったとされる。

さて、この物語の信憑性《しんぴょうせい》は別として、すでに18世紀の哲学者ヴォルテールが、仮面の男

映画『仮面の男』（1998年）で、レオナルド・ディカプリオが演じた鉄仮面

はマザランと王妃の間に生まれた男児（つまり太陽王の異父兄）だと推理していたし、デュマが小説化する40年ほど前には、口伝えでこんな話も流布していた。曰《いわ》く、仮面の男はルイ14世で、彼は監獄で子を生《な》し、その子はナポレオンの祖先となった！

他にもさまざまな伝承があるが、近年話題になったのはイギリスの作家ハリー・トンプソンが『鉄・仮・面――歴史に封印された男』に書いた、銃士隊隊長カヴォワ、イコール、ルイ14世の父説。カヴォワには妻がいたので、そちらとの間にも子がいた。そのうち三男が特にルイとそっくりで、おまけに秘密を嗅《か》ぎつけて王をゆすった結果、投獄されたというもの。

いずれにせよ、仮面の男が太陽王がらみになるのは当然だろう。謎のキーポイントが「誰もが知る顔」だからだ。双子の片割れであれ、異父兄であれ、腹違いの兄であれ、はたまた太陽王その人であれ、幽閉された「貴人」は数奇な運命に「流され」たわけだ。ただ30年を超える歳月のうちには顔（顔つき）は変貌し、別人のようになった気がしないでもないけれど……。

⚜ロシアの貴種流離譚

「死んだと思われていたが実は生きていた貴人騒動」を延々と繰り返すのはロシアだ。広大な領土、多民族、情報伝達の不備、さらに王政であれ共産主義であれ全く変わらぬ政府の秘密主義と、そうした政府に対する人々の根深い猜疑心《さいぎしん》などが絡《から》み合っての、貴種流離譚だろう。

広く知られている例では、17世紀リューリク朝の偽《にせ》ドミトリー事件だ。この皇太子は修道院に幽閉されていたが事故死した（政敵ボリス・ゴドゥノフによる暗殺だったのは間違いない。ムソルグスキーのオペラ『ボリス・ゴドゥノフ』になっている）。この後、実は生きていたドミトリーが登場し、不満分子を率いて蜂起《ほうき》するが、戦死。なんとその数年後、我こそ本当に本当のドミトリーだ、と名乗る者がまた現れ、反乱を起こしている。

18世紀のエカテリーナ大帝時代には、皇女タラカーノヴァがパリに現れ、騒がせた（拙著『名画で読み解く ロマノフ家 12の物語』参照）。2代前のエリザヴェータ女帝とその恋人だった伯爵との間のご落胤《らくいん》、との触れ込みである。まもなくペテルブルクへ拉致《らち》され、投獄。

その半地下の牢《ろう》内で、ネヴァ川の氾濫《はんらん》により溺死《できし》（病死と発表されている）。20世紀には、最後の皇帝ニコライ2世の娘アナスターシャの出現に世界中が沸《わ》き、映画も数本製作された。実際には皇帝一家は全員ボルシェビキによって銃殺され、各遺体はDNA鑑定で確認されているので明らかに僭称者《せんしょうしゃ》なのだが、アナスターシャという名に「再生」という意味が含まれているからだろうか、今なお彼女は家族のうち唯《ただ》一人生きのびた皇女だったとのロマンが、完全にかき消されず残っている。

⚜謎の老人、フョードル・クジミーチ

上記の4人はもちろんのこと、他の例においてもほとんど皆、「実は生きていた貴人」を公言している。そのため、自ら名乗らず語らず、死ぬまで否定も肯定もしなかった謎の老人、フョードル・クジミーチが、何やら本物のように思えてくるのかもしれない。

——周知のようにナポレオンはロシアに侵攻し、歴史的惨敗を喫《きっ》して表舞台から去った。当時のロシア皇帝は、まだ30代のアレクサンドル1世。ナポレオンを制したことで、人気を沸騰《ふっとう》させる。もともと金髪碧眼《へきがん》ですらりとした長身、美貌、流暢《りゅうちょう》なフランス語を話し、高

い教養と優雅な立ち居振る舞いで、歴代ツァーリ（ロシア皇帝）の強面《こわもて》イメージを覆《くつがえ》す存在だった（ウィーン会議の際、町娘と恋したエピソードがまことしやかに語られたほどだ）。

だが彼の抱える闇は深かった。父帝暗殺に関与ないし黙認したと信じられていたのだ。23歳からかぶり続けた王冠も、時が経《た》つにつれ重くなってゆき、治世後半には鬱《うつ》症状も出ていたらしい。子は無く、僧になりたいと口にすることもあった。

1825年晩秋、アレクサンドル1世は妃を伴い、首都から約2000キロも離れたタガンログ離宮へ出かけ、そこで急逝《きゅうせい》した。チフスとも熱病とも言われる。この電撃的ニュースは国民の間に大きな疑惑を生んだ。まだ47歳。健康そのもののはずだった。おまけに棺《ひつぎ》の蓋が開けられることはついになかった。ペテルブルクへ移動するまで時間がかかりすぎて腐敗したからというが、棺は空だと疑う人々の口は封じられない。やがてこんな噂がたつ。アレクサンドル1世は皇帝位にあることに疲れ果て、どこか遠いところで修道僧となっているに違いない……。

11年後、ペルミ地方で60歳くらいの、挙動不審の男が発見された。フョードル・クジミーチと名は言えたが、どこから来たのか、何をしていたかは覚えていなかった。上背のある、高貴な様子をしているが、旅券を持たず、背中には鞭《むち》打たれた跡があった。役人はこの奇妙

アレクサンドル１世の肖像
（ジョージ・ドー／1826年）

な老人をシベリアへ追放した。

シベリアに定住したクジミーチは、やがてその信仰心の深さ、何より、驚くばかり豊富な知識と賢明さによって周りの尊敬を集めた。遠方から相談事を持って訪れてくる人がどんどん増え、フランス語を話せることも証明され、彼こそアレクサンドル1世の、世を忍ぶ仮の姿ではないかと囁《ささや》かれるようになった。年齢的にぴったりだし、姿かたちも皇帝を彷彿《ほうふつ》とさせた。

クジミーチの噂は広がり、皇帝と面識があったという兵士が連れて来られて、間違いない、と請《う》け合った。だが老人は、覚えていない、そっとしておいてほしいと言うばかりだった。彼は長生きし、シベリアで30年以上を送った。もしアレクサンドル1世だとしたなら、享《きょう》年《ねん》91歳だ。

聖人と崇《あが》められたクジミーチはその地に手厚く葬られ、墓は巡礼地となる。彼の噂はペテルブルク宮廷まで届いていたのは間違いない。1891年、この墓にニコライ皇太子が立ち寄ったという。後のニコライ2世、ラスト・エンペラーである。

⚜「ヨーロッパの孤児」、カスパー・ハウザー

正体不明の人物、3例目は、1828年の南ドイツ、バイエルン王国の町ニュルンベルクに忽然《こつぜん》と現れた「ヨーロッパの孤児」、カスパー・ハウザー。

15、16歳と思《おぼ》しきこの少年は、ニュルンベルクの広場で呆然《ぼうぜん》と佇《たたず》んでいるのを発見された。粗末な服を着て、肌が妙に蒼白《あおじろ》く、ろくに言葉も話せず、両膝の裏が（通常なら凹んでいるのに）これまでほとんど歩いたことがないかのように真っ直ぐだった。

手紙（養育者が記した体《てい》のもの）を2通持っていて、そこには「この子の名はカスパーで、1812年生まれ。洗礼は受けており、父親は騎兵、17歳になったらニュルンベルク連隊へ入れるよう頼まれ、今まで育てていた」などと書かれていた。

そこで連隊長のもとへ連れてゆかれたが、何を訊《き》かれても「わからない」としか答えず、会話が成り立たない。ところが紙とペンを与えると「カスパー・ハウザー」とサインした。

この不思議な少年を研究しようと、ヨーロッパ各地から学者や医者や宗教家が集まってきた。それで明らかになったのは、カスパーが闇の中でも物が見え、色も識別でき、時計のよ

うな機械音を怖がり、隣室での微《かす》かな小声を聴きとり、鏡に映った像を実物と間違え、窓から見える風景を三次元と捉《とら》えることができず、音や匂いに異常なほど敏感で、触れただけで金属の種類を当てる特殊能力を持つことだった。

どうやらカスパーは相当に長い間暗い地下牢に閉じ込められ、他者と接触せずに育った人間らしい（ここからカスパー・ハウザーの名は、長い「引きこもり」の代名詞として使われることにもなる）。だが依然としてその正体は謎だった。どこから来たのか、何者なのか、なぜ幽閉されていたのか、彼を知る人間が名乗り出ないのはどうしてか……。懸賞金までかけられたのに、謎は解けない。

カスパーはひとまず孤児として町役場の保護下に置かれたが、やがて複数の支援者が現れ、その一人に引き取られて教育をほどこされると、みるみる知能の高さを発揮して、その年齢なりの話し方もできるようになる。それまでの境遇については、狭く暗い場所に一人で置かれ、食事の世話はされていたと語った。次第に初めのころの野生児めいた顔つきが変化してゆき、どことなく高貴な様子を示しはじめ、貴族や富裕層の集《つど》いに招待される人気者となってゆく。

カスパー・ハウザーの肖像（1828年頃）

⚜カスパー・ハウザーの最期

そんな中、最初の襲撃事件が起こった。ニュルンベルクに現れて1年半ほど経《た》ったころだ。カスパーは道を歩いていて、覆面《ふくめん》をした何者かに棒のようなもので殴られ、負傷する。幸いこの時は命に別条はなかった。

こうしたこともあってか、誰言うともなく、カスパーは地位を簒奪《さんだつ》された王子（即ち流離中の貴種）ではないかと囁《ささや》かれはじめる。そうだ、きっとそうに違いない。どことなく隣国のバーデン大公国（当時のドイツはまだ統一前なので小国が林立していた）の大公一族によく似てはいまいか……。

この説を全面的に支持したのが、ドイツの法律家でアンスバッハ控訴裁判所第一所長、後年「近代刑法の父」と呼ばれる著名なアンゼルム・フォン・フォイエルバッハ博士（1775～1833）だった（ちなみにドイツ新古典主義の画家アンゼルム・フォイエルバッハは彼の孫）。

フォイエルバッハ博士はカスパーと何度も面談し、『カスパー・ハウザーの謎　地下牢の

17年』という書物まで著《あらわ》した。それは長期の監禁による心身の障害とそこからの順調な回復の記録であると同時に、カスパーの出自への推論及び加害者への告発まで含んでいた。フォイエルバッハ博士の信じるところによれば、この貴種の少年を残酷な目にあわせたのは、他ならぬ現バーデン大公家だというのだ。

書籍刊行から1年も経たぬ翌1833年5月、フォイエルバッハ博士は旅先のフランクフルトで急死した。脳卒中ということになっているが、そうではなかったかもしれない。それとも単なる偶然だろうか。同年12月、カスパーもまた突然この世を去る。今回の襲撃はナイフ。右胸を刺され、3日後に息絶えた。まだ21歳。

事件は解明されぬまま終わる。

カスパー・ハウザーを詐欺師と見なす人々ももちろんいた。彼らに言わせれば、2度の襲撃は、2度ともカスパーに対する世間の関心が薄れかけた時期に起こっており、自作自演だという。ナイフにしても暗殺をよそおった狂言だが力の入れ方を間違え、致命傷になっただけだと。

今となっては何とも言えない。詐欺師はいつの時代にも、どんな理由からも出没《しゅつぼつ》するのでその可能性がないとは断言できないだろう。しかしその意味でいうと、バーデン大公家のお家騒動にも同じほど怪しさがひそみ、カスパー、幻の王子説も、あながち荒唐無稽《こうとうむけい》とは言い切れない。

⚜出生の秘密

カスパー・ハウザーはフランスの「鉄仮面」と同じような理由から、ドイツのバーデン大公家の指示で15年以上幽閉されていたのだろうか?

バーデン大公国はドイツ南西部、現バーデン＝ヴュルテンベルク州に12世紀から20世紀初頭まで存続した領邦《りょうほう》だ。君主は代々ツェーリンゲン家で、長く辺境伯だったが、1806年から大公に格上げされた。

初代大公はカール・フリードリヒ。2代目は孫のカールで、戴冠《たいかん》して7年後の1818年に32歳の若さで逝去《せいきょ》している。このカール大公の実子がカスパー・ハウザーではないか、というのがフォイエルバッハ博士とその支持者たちの推理だ。曰《いわ》く——

カール大公妃は1812年に長男を産むが、この子は命名式も済まさず夭折《ようせつ》したとされる。しかし実際には「誰か」の命を受けた乳母の手によって死んだ赤子とすり替えられ、本人は密かによそへ預けられて、ある時点からカスパーとして幽閉された（カスパーの持っていた手紙に１８１２年生まれと書いてあったのが思い出されよう）。なぜそんなことをしたかといえば、お定まりの権力争いだ。

正統な世継ぎの王子が消え、カスパーとして現れるまでに16年の歳月が流れている。その間に起こったことは――

カール大公妃は４年後にもう１人男児を産むが、その子は１年後に死ぬ。そして翌年にはカール大公自身も亡くなったため、王冠は初代カール・フリードリヒの息子、つまりカール大公の叔父がルートヴィヒ１世として継いだ。このルートヴィヒ１世は女嫌いで未婚、年齢ももう55歳。世継ぎができる可能性は限りなくゼロだから、次の大公候補として残っているのはたった１人だった。

⚜バーデン大公妃ルイーゼの企《たくら》み

非常にややこしいのだが（だからこそお家争いになるわけで）、初代カール・フリードリヒは最初の妃（2代目カール大公の父やルートヴィヒ1世を産んだ）が亡くなった後、60歳にもなって40以上も歳下の侍女ルイーゼに夢中になり、陸軍中佐の娘にすぎない平民だというのにホッホベルク女伯爵の称号まで与えて貴賤《きせん》結婚していたのだった。

ルイーゼは1790年にレオポルトという男児を産んでいたが、その時点では大公家に世継ぎ候補はおおぜいいたし、彼らが男児を生《な》せばさらに増えていたはずだ。ところがルートヴィヒ1世が戴冠した1818年、レオポルトより上位の継承者候補は全員すでに死んでいた（徳川吉宗の軌跡に似ている）。

先述した「誰か」、カール大公妃が産んだ男児を乳母にすり替えさせた「誰か」は、そのことでもっとも益を得る者だ。ここでは玉座を狙《ねら》う者だが、しかし本人とは限らない。本人の母であっても何ら不思議はない。

大公妃の座を狙って老大公に取り入った若い侍女ルイーゼは、再婚した後も宮廷では娼《しょう》婦《ふ》なみに見下《みくだ》されていたであろう。老大公が死ねば雀の涙の手切れ金で、息子もろとも石もて追われる末路《まつろ》は目に見えていた。ならばほかの世継ぎ候補を次々に排除すれば……。

ルートヴィヒ1世の治世は10年ほどだった。晩年には宮廷全体が世継ぎへの危機感を強く感じていた。どんなに下賤《げせん》な女の産んだ子であっても、レオポルトには初代大公の血が流れ

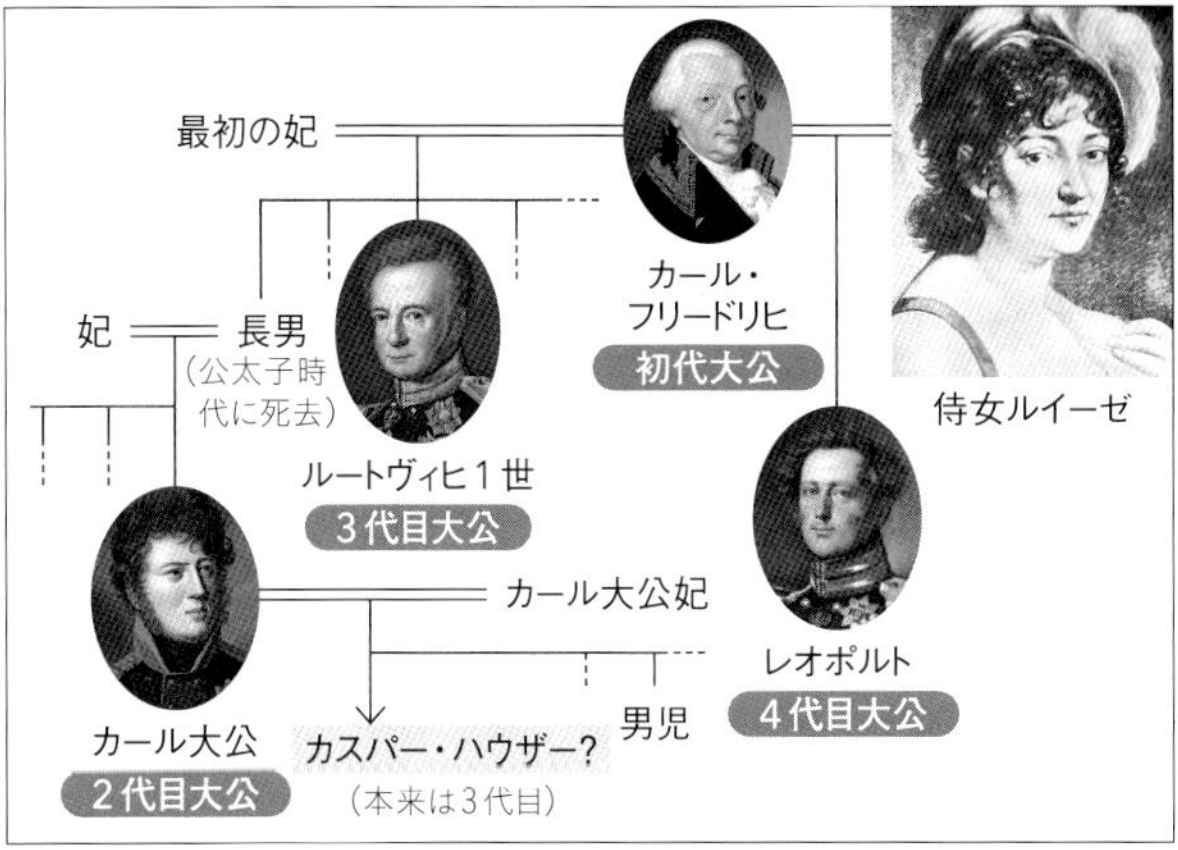

バーデン大公家系図

ている（別の男の血だと言う者もいたが）。彼を大公にしなければ、バーデン大公位はほかの王国や公国などの次男や三男が天下《あまくだ》ってきて、いずれその国に吸収されてしまうだろう。やむなく老ルートヴィヒ1世の次はレオポルト、と認める方向へ流れは変わってゆく。

こうしてレオポルトの王位継承が盤石《ばんじゃく》となった1828年、「誰か」はカスパーこと、正《せい》嫡《ちゃく》の王子を暗い湿った地下牢から出し、他国の町に、いい加減な手紙とともに解き放ったという筋書きだ。

全くありえない話ではない気もする。なにしろルイーゼの肖像画にしてからが、いかにもそうしたことを企《たくら》みそうな顔つきなのだ。毒薬はボルジア家の専売特許というわけでもない。当時の近隣諸国からも、バーデン大公家なら正嫡の男児を幽閉しかねないと見なされていた。

カスパーの人気はバーデン大公家のスキャンダルと絡みあっていたが、ニュルンベルクでちやほやされた時期はそう長くはなかった。人は飽《あ》きやすい。最初は盛んにパーティへ招待されたが、物珍しさは薄れてゆく。バーデン大公の正嫡という証拠もおいそれとは出てこないし、カスパーも次第に世間慣れし、そうなればごく普通の少年というだけで面白くも何ともない。

彼はアンスバッハの新しい身元引受人のもとへやられ、寂しく暮らした。そしてナイフで襲撃されたのだ。最後の言葉は「自分で刺したんじゃない」。

なんだか哀しい。

一方、レオポルト大公は１８３０年から22年間その地位にあった。意外や、善政を敷き、その点でも吉宗と似ている。

第十五話　デンマークの白婦人

白婦人と呼ばれる亡霊

第十四話で書いたように、競争相手が次々消えて（消して？）バーデン大公の地位を得たレオポルトは、22年にわたる善政を敷いた。自由主義的政策をとって経済を活性化させたのだ。しかしそんな彼も祖先の呪いには勝てなかった。

レオポルトが痛風で臥《ふ》せっている間、白婦人と呼ばれる伝説の亡霊が宮廷で何度も目撃され、人々はひそひそ囁《ささや》きかわした、大公の死が間近なのでは？

痛風は死病ではない、と宮廷医は取り合わなかったが、大公は結局その痛風によって亡くなる。白婦人は何世紀も前からツェーリンゲン家に取り憑《つ》いており、彼女が現れると死人が出ると言い伝えられてきたのだ。今回もそのとおりになった。

バーデン大公国はかつて辺境伯領だった。辺境というのは文字どおり国境領域のことで、バーデン国の君主たる伯爵は異民族と直接対峙《たいじ》する騎士であり、一般の伯爵より上位とされた。

15世紀の辺境伯時代、バーデン国の王子が見聞を広める旅へ出た。出立前、両親からは、こう厳しく言いわたされる、王子としてふさわしくない女性と結婚するのだけは許しませんよ。

王子はデンマークへ入国し、たちまち恋に落ちる（ドイツ人にとってデンマーク女性はエキゾティックであったらしい）。ただし相手のオラミュンデ伯爵夫人は、2人の子を持つ寡《か》婦《ふ》だった。夫人も彼を熱烈に愛してくれたが、王子は両親が許してくれるとはとうてい思えなかったので、「2組の目が我々の邪魔をしています。この2組の目の炎が消えた時、またお迎えにまいります」、そう告げて、ひとまず故国へ帰った。

すると思いがけず老親はこの結婚を許してくれた。王子は大喜びで再びデンマークを目指した。着いてみると、邸《やしき》は不気味に静まりかえっている。王子は夫人の名を呼んだ。すると彼女は身にまとう白衣よりさらに蒼白《そうはく》な顔で現れた。なんと2人の幼い子を自らの手で殺《あや》めてしまったという。「2組の目の炎」という王子の言葉を、「自分と血のつながらないあなたの子らを始末せよ」という意味だと誤解し、実行に移したのだ。

王子は背筋が寒くなり、すがりつくオラミュンデ伯爵夫人を払いのけて、馬に跨《また》がった。夫人は、逃げても無駄です、私たちはもう血の絆《きずな》を結んだのだから、と叫んでいたが、後ろも振り返らずバーデンへと疾駆《しっく》した。

王子を出迎えた両親は憔悴《しょうすい》しきったその様子に驚き、デンマーク女性との顚末《てんまつ》を聞くと、一族の血脈が呪われたことに大きなショックを受けた。王子はベッドへ倒れ込み、そのまま起き上がれなくなって、まもなく息を引き取った。直前に、白婦人が現れた、という言葉を残して。

続いて父伯も病に倒れたが、死ぬ少し前、やはり白婦人の姿を見たという。

⚜女というものの不気味さ

まるでギリシャ悲劇のようだ。異国の情熱的な女性が、腹を痛めた2人の子を殺す。王女メディアの世界である。

愛するイアソンに裏切られたメディアは、彼を完膚なきまでに打ちのめすには彼との間にできた子を殺すことだと、激烈な怒りと冷静な計算のもと、子殺しに至った。

一方、オラミュンデ伯爵夫人の場合は、愛する男といっしょになるため、別の男との間にできた子を殺した。そこにあるのは、自分の幸せだけを見つめる単眼の残酷さである。

男にとってはどちらの女性が、より怖いのだろう?

王女メディアの場合、男への復讐心に燃えての行為であり、オラミュンデ伯爵夫人の場合は、己《おのれ》の幸せを優先した行為だ。前者のような理由から自分の子を殺す現代女性はほとんどいないのではないか。それはやはり神話世界、ある意味、男性が構築しがちな「女というものの不気味さ」と言えるだろう。

だが後者は?

これはもう昨今の新聞・雑誌にその例があふれかえっている。新しくできた恋人(ないし夫)に捨てられるのを恐れ、前の相手との子を放置し、虐待に加担し、性欲のはけ口として差し出し、時に死に追いやる若い母親たち。彼女らは現代版オラミュンデ伯爵夫人だ。

伯爵夫人は王子の言葉を曲解し、愛しあう自分たちの幸せを我が子が阻《はば》んでいると思い込む。身勝手な被害者意識である。だから王子が恐怖で逃げ去った時、今度は王子を恨《うら》み、そればかりか一族にまで呪いをかけ、魂魄《こんぱく》この世にとどまって、地獄の住人としてさまよい続けたのだ。

4世紀も隔たった、バーデン大公レオポルトの時代まで。

第十六話　大海難事故

タイタニック号

もうすぐ20世紀の幕が開くという時期のイギリスで、「巨人」という名の、文字どおり巨大な豪華客船が建造された。全長約800フィート、マスト3本、スクリュー3基、最大乗客乗員数およそ3000人というスケールは、当時の世界最大級。その威容《いよう》を見るだけで、決して沈むことのない船、との謳《うた》い文句が無条件で信じられるのだった。

イギリス―アメリカ間の航路を4月に出発したこの美しい客船には、当時の階級社会をそのまま反映して、特等室の著名人や富裕層、一般室の中間層、船体下層に押し込められた低所得者層が乗り合わせていた。

出航から数日後、運命の夜が訪れる。北大西洋の厚い海霧の中を25ノットの速度で進むうち、右舷《うげん》が氷山に接触、横転。救命ボートの数が足りず、おおぜいの死者を出す大海難事故となってしまう……。

ここまで読んだ人は、ああ、タイタニック号だな、と思うのではなかろうか。違うのだ。

これは、1912年に実際に起こったタイタニック号沈没事故の14年も前に出版された中編小説『愚行《ぐこう》（Futility）』（改訂版のタイトルは『タイタンの遭難、または愚行』）の描写である。作者はアメリカ人の元船乗り、モーガン・ロバートソン。知名度の低い作家で、この本も初版はほとんど売れなかった。ところが書店から本が消えたころタイタニック号の悲劇が起こり、小説との類似点があまりに多いことから、一種の「予言小説」と見なされて大きな話題となり、改訂版が出て売り上げも伸びた。

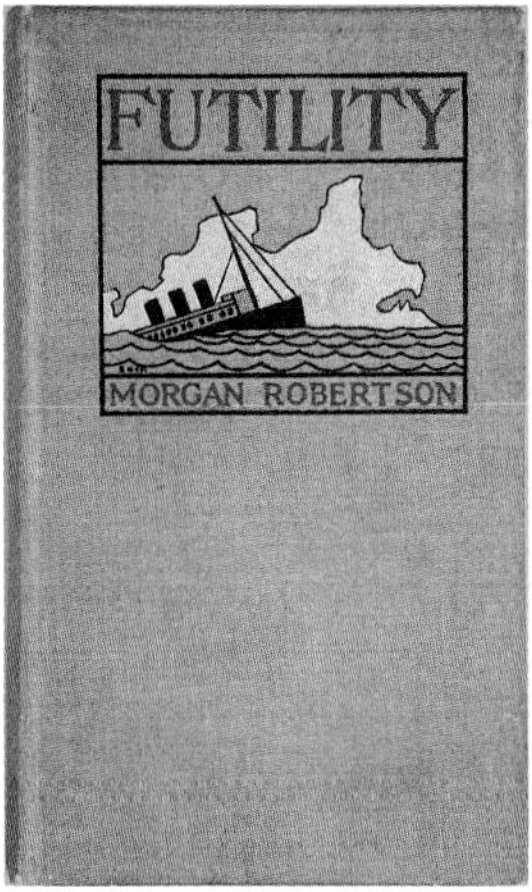

モーガン・ロバートソンの小説
『愚行』（1898年）

小説のメインストーリーは船の転覆《てんぷく》にはなく、いわばアドベンチャーものに属している。船の沈没後、主人公の船員が氷山の上で白熊と格闘の末サバイバルする、といった荒唐無稽《こうとうむけい》な物語だ。タイタニック号事故が起こらなければ完全に忘れ去られていただろう。だが悲劇が報道されると、ロバートソンの小説を思い出した人々がいた。

なにしろ背景となる船舶《せんぱく》や事故についての詳細が、薄気味悪いほど酷似《こくじ》していた。タイタン（Titan）とタイタニック（Titanic）は名詞と形容詞というだけで同じ船名といえるし、イギリス製、大きさや構造、乗客数、事故のあった月、航路や氷山までほぼ同じなのは、単なる偶然とはすませられない、この世の不思議を感じさせた。

もちろん違いもある。タイタニック号は処女航海だったが、タイタン号は復路、また沈没は前者が翌朝、後者は氷山とぶつかってすぐ、船の排水量も両者はかなり違う。またロバートソンは船の重量などを初版から少し変え、タイタニックに近づけたこともわかっている。

だがたとえそうした差異があっても、メインの部分での一致は確率的にも驚愕《きょうがく》に値しよう。だからこそ評判になったのだし、ロバートソンに次の作品依頼がきたのも頷《うなず》ける。中にはタイタニックと同じような予言ものを期待した出版社もあっただろう。彼は短期間のうちに続けて数冊の新刊を出したが、どれも売れなかった。

一躍、時の人となってからわずか3年後、この「予言者」は薬物の過剰摂取で亡くなる。自殺とみられている。

⚜ハリウッド映画『タイタニック』の影響力

タイタニック関連の映画は何作も作られてきたが、世界中の若者にまでこの海難事故を知らしめたのは、１９９７年制作のハリウッド映画『タイタニック』だ（監督ジェームズ・キャメロン）。

筆者はこの映画の影響力の凄《すご》さをニューヨークで身をもって体験した。映画公開からすでに数年経《へ》た冬のこと（まだツインタワーも存在していた）。自由の女神像のあるリバティ島へ向かう観光船に乗った。アメリカ人よりヨーロッパやヒスパニック系の乗客が多かった。悪天の日で、小雪交《ま》じりの雨が降り、波は高く、皆、船内に閉じこもって窓から憂鬱《ゆううつ》な空を見上げていた。そのうち雨は小降りになってくる。

その時だ。

若者のグループがデッキへ走り出たと思うと、そのうちの一人が両腕を翼のように大きく

映画『タイタニック』より
(ジェームズ・キャメロン監督/1997年)

拡げ、前方の海原へ向かって「I'm the king of the world!」と叫んだのだ。『タイタニック』の中で、主演のレオナルド・ディカプリオが新大陸への夢と希望を爆発させた印象的なシーン。その仕草と台詞《せりふ》である。

効果は目覚ましかった。船室にいた乗客全員が笑い出し、我も我もとデッキへ出ておしゃべりが始まった。奇跡のように雨も止み、自由の女神の巨大な姿がぐんぐん近づいてくる。一つの映画が見知らぬ者同士を繫《つな》いだことに少し感動した。これも奇譚《きたん》?

第十七話　コティングリー事件

ホームズの生みの親

世界一有名な私立探偵がシャーロック・ホームズだということに、誰も異論はないだろう。架空《かくう》の人物にもかかわらず、ロンドンのベーカー街221bにはホームズの住まいだったとのプレートが設置され、観光客がわざわざ足を運ぶほどだ（かく言う筆者もその一人）。

ホームズを生んだアーサー・コナン・ドイル（1859～1930）のもとへは生前ファンレターが殺到し、宛名《あてな》がドイルではなくホームズだったことも再々だった由《よし》。作家と小説の主人公を完全に混同した者がいたわけで、そこまでゆかぬまでも、ドイルもホームズ並みの観察眼と推理力の持ち主だと思うのは自然かもしれない。

そのためドイルが妖精写真を本物と請《う》け合った時、あれほど論理的思考のもとに数々の難事件を解決したドイル――実際には小説内のホームズ――なのだから、完璧な証拠がそろってのことだろうと、おおぜいの人に信じさせてしまった。

世にいう「コティングリー事件」である。

だがその前にまず、ドイル家について記しておこう。

アーサーの祖父ジョン・ドイルは１７９７年、アイルランドのダブリンで絹商人の息子として生まれた。長じて画才をあらわし、25歳で妻とロンドンへ移住。４人の男児に恵まれ、諷刺《ふうし》画家、政治漫画家として人気を博す。

上の息子たち３人も社会的に名を知られるようになった。長男ジェームズはイラストレーターとして、次男リチャードもイラストレーターや画家として、三男ヘンリーはアイルランド国立美術館館長として。

中でも１８２４年生まれのリチャード・ドイルの成功は目覚ましく、10代で『パンチ』誌の正規の挿絵《さしえ》画家になり、フリーになってからもディック・キットキャットの愛称で活躍した。とりわけ妖精画家として、独創的な表現で名を馳《は》せた。

この3人がアーサーの伯父で、彼が大学の医学部に進学する際、援助してくれた恩人でもある。

では父チャールズは？

⚜無名の父、チャールズ・ドイル

チャールズ・ドイルはあまり運の良い人間ではなかった。末子で、彼が生まれた1832年が実母の没年だった。母の愛を知らず育ち、3人の兄と同じように父ジョンの工房で学びながら早々に才能なしと見なされ、19歳でひとりスコットランドのエディンバラへ追いやられた。当地の労働局で測量技師補として働くためだ。

兄たちの成功が眩《まぶ》しかったこととと、結婚して9人も子どもが生まれて（2人は早逝《そうせい》）生活が苦しかったため、副業で自分も妖精の挿絵を描いたが評判にはならなかった。40代前半には役所も辞めさせられる。その前後から少しずつアルコール依存と鬱《うつ》状態が進み、妻とも離婚。1881年にはとうとう病院へ入れられた。

こうしてチャールズは死ぬまで病室で妖精たちを描き続ける。月夜に空を舞う妖精の絵に別れた妻の面影を描き込んだとも言われる。作品の制作年が不明なのは、発表されずにいたからだ（アーサーはホームズで盛名《せいめい》を得た後、亡き父の展覧会を催して親孝行ぶりを示した）。

妖精画で大成した伯父、妖精の存在を信じながら無名のまま亡くなった父を、アーサーは身近で見てきた。彼らの描く何百もの妖精たちも見てきた。いや、そうでなくとも世は妖精時代だった。森や湖など自然界の精であり、人間とは全くサイズの違う小さな生きもの、妖精、フェアリーは、時代の産物だった。

19世紀前半までの科学万能主義と合理主義、進歩に次ぐ進歩で突っ走ってきた新時代の人々にも疲れと飽きが出てきており、その反動は、都会から自然への回帰、現実第一主義から精神性・内面性の探求、異世界への憧れという形をとった。そんな浪漫嗜好《しこう》に適《かな》う芸術が象徴主義であり、妖精画だったのだ。

透きとおった翅《はね》をもつ愛らしい妖精を好んだのは、女・子どもだけではなかった。厳《いか》めしい鬚《ひげ》をたくわえ、山高帽にステッキのジェントルマンにも妖精画の愛好者は少なくなかった。彼らが妖精の実在をどの程度信じていたかはわからないが、幽霊を否定しない程度には（イギリスは現在に至るも幽霊好きの国）、妖精を否定していなかったことは確かだ。

そこで1917年、ヨークシャー州（イギリス北部）のコティングリーという小さな村で、16歳と9歳の少女からカメラで妖精を撮《と》ったと言われた親がすっかり信じ込んで人に話し、それが巡《めぐ》り巡って2年後、アーサー・コナン・ドイルの友人エドワード・ガードナーの耳に達した時、彼は一笑に付《ふ》すことなく、その写真を研究対象として真剣に取り上げたのだった。

⚜妖精を写した写真

第一次世界大戦真っ只中の1917年、コティングリーで起こったことは——

この村に住む16歳のエルシー・ライトと9歳のフランシス・グリフィスは仲良い従姉妹《いとこ》どうしだった。いつも川辺で妖精と遊んでいると主張し、その証拠に写真を撮りたいと、エルシーの父親からカメラを借りた。そして「フランシスと4人の踊る妖精」「野原に座るエルシーと1人の妖精」、この2枚を写した。現像は父親が行ったが、彼は本気にせず、もうカメラは貸さないと言い渡す。ここで終われば騒ぎはない。

2年後、妖精を信じるエルシーの母が神智学《しんちがく》協会に参加し、皆に写真を見せて驚かせた。それはすぐ同会主要会員のエドワード・ガードナーに伝わり、彼が写真を入手したことから、翌1920年、この事件のもう一人の主役ホームズ、もとい、アーサー・コナン・ドイルの知るところとなる。ドイルはガードナーに確認を頼み、コティングリーへ行ってもらった。

ガードナーは少女たち（と言ってもエルシーはすでに19歳になっていた）に2台のコダック製カメラを与え、妖精の撮影をまた試してほしいと頼んだ。彼女らは大人がいると妖精は出現しないからとガードナーの同行を拒《こば》んだが、写真は撮ってきた。3枚に妖精が写っていた。これで前のと合わせて5枚だ。

ドイルはコダック社に調査を依頼し、「写真に偽造《ぎぞう》の証拠は見られない」との回答を得た。同年クリスマス、彼は雑誌に「写真に撮られた妖精たち」の一文を寄稿。世間は騒然となる。この時60歳のドイルはナイトの称号をもつ貴紳《きしん》であり、何よりホームズの生みの親として人気と信頼は絶大だった。

もちろん否定派はいた。妖精たちのファッションがいかにも今流行のものであり、動いているようにも見えず、またコダック社の回答をよくよく読めば、現像過程での合成ではないというだけで、「目の前にあるものは全て写っている」というにすぎず、真贋《しんがん》の判定にはなっていない、等々。

ドイルは意に介《かい》さず、1922年には『妖精物語　実在する妖精世界』を上梓《じょうし》し、コティ

第十七話　コティングリー事件

1917年、コティングリーで撮影された
「フランシスと４人の踊る妖精」

ングリーの妖精にも触れて曰《いわ》く、感知できなくとも存在するものはこの世に多い、妖精は実体のない霊的なものなので霊力をもつ人間、とりわけ純粋な子どもにしか見えない、贋物《にせもの》があるからといって、本物を否定する理由にはならない。

⚜妖精写真の真実

こうした論は、森羅万象《しんらばんしょう》全てに神が宿ると考える日本人には通じやすい。亡くなった人は仏様だし、巨大な古木は御神木《ごしんぼく》になり、コロポックルや座敷童《わらし》、河童《かっぱ》や狐狸《こり》妖怪もいる。誰もがどこかでそれを——完全に、とは言えないまでも——信じている。しかしだからといって、もし著名な文学者がいかにも胡散臭《うさんくさ》い河童の写真を、純真な子どもが撮影したのだから本物だと認め、一冊の本まで書き上げたとしたら周囲はどうするだろう？　賢明な者は口をつぐむのではないか。

ドイルに対してもそうなった。多くの人は公には反応せず、妖精画家や妖精物語の作者は沈黙した。相手は傷つきやすい年ごろの少女たちとホームズの作者なのだ。しかもドイルはアイルランド系でスコットランド育ちと、超自然的な事柄に特別親和性のあるケルトの血筋

1917年、コティングリーで撮影された
「野原に座るエルシーと１人の妖精」

だ。父親も伯父も妖精画家だった。その上この戦争でドイルは息子、弟、妹の夫など、親族をおおぜい亡くし、心霊術や神秘主義への傾倒《けいとう》をいっそう強めていた。攻撃しにくい。

コティングリー事件への関心は急速にしぼんでゆく。同時に、そして皮肉なことに、あれほど盛んだった妖精への嗜好《しこう》まで薄れてしまう。妖精画の需要も激減し、専門画家も減る。こうして事件はいったん忘れられ、長い月日が経《た》った。

ドイル死去から半世紀以上も過ぎた1983年、『タイム』誌に元少女たちの一文が載り、次いでテレビ出演もあった。かつて少女であった老女2人は、次のように告白した。ほんとうに妖精と遊んだのに疑われたため、トリックを思いついた。雑誌で見つけた女性ファッションのイラストを厚紙に模写し、翅《はね》を描き加えて妖精に変えた。それを切り抜き、ピンで木の枝や葉に留《と》め、撮影した、と。

コダック社が言ったとおりである。二重写しでもなければ現像時の細工でもない。カメラは実際に目の前に「あるもの全て」を写しただけなのだ。乾板《かんぱん》を使う旧式カメラなので技術的にはいくぶん難しかったらしいが、実はエルシーはカメラ店でアルバイトをした経験があった。美術学校へ通ってもいたので絵も巧《たく》みだった。

なぜ早く真実を語らなかったかという無粋《ぶすい》な質問に対しては、ドイル氏の名誉のためだったと答えている。

そして言うのだ、５枚目の写真だけは本物だし、妖精を見たのもほんとうだ、と……。

第十八話　十字路

未知との遭遇場所

4本の道がぶつかる十字路（クロスロード、四つ辻、四叉路《しさろ》、交差点）、また三叉路《さんさろ》は、洋の東西を問わず重要なシンボル性を秘めている。「未知との遭遇場所」だ。

正面から、左右から、野獣や敵や暴走する馬車、あるいはこの世ならぬものが、襲いかかってくるかもしれない。そこはまた選択を迫《せま》る人生の岐路《きろ》であり、異界と交わる場、生と死の交錯する場、そして超自然的なものが顕現《けんげん》する場なので、常に恐怖と不安も孕《はら》んでいる（ある意味、橋のシンボル性とも共通する）。

三叉路で「運命」と出会ったのが、ギリシャ神話のオイディプスだ。この悲劇的な人物は

ギュスターヴ・モロー『旅人オイディプス』（1888年頃）

モローは数多くオイディプスを描いた。ここでは翼の巨大さが目をひく。

赤子の時、「父王を殺して母を妻にする」との神託《しんたく》により山中に捨てられた。だが拾う者があって、別の国の王に育てられる。成人し、自ら神託を受けに行くと、「父王を殺して母を妻にする」と告げられる。ショックを受け、放浪の旅に出た。育ての親を実の父母と信じていたからだ。

やがて足は知らぬ間に生誕地へ近づく。必死に運命から逃れようとして、運命の待つ場へ向かっていたのだった。狭い三叉路で数人の一行とかち合い、道を譲れ、譲らぬの口論となり、オイディプスは彼らの長を殺す。神託どおりになった瞬間だ。なぜならその男こそ、オイディプスのほんとうの父だったからだ（後にもう一つのおぞましい神託も現実となる）。

⚜十字路には悪霊が棲む

古代ギリシャ時代、十字路は道を支配する冥界《めいかい》の女神ヘカテや、旅の守り神ヘルメスなどに捧げられ、神聖な石などが置かれて礼拝された。

キリスト教が普及する以前の古代ローマ時代には、不運から護《まも》ってくれるラール神を十字路の守護神として、祭壇が設《しつら》えられた。

やがて多神教はキリスト教に駆逐《くちく》されるが、十字路から身を守らねばという気持ちは受け継がれ、十字架やイエス磔刑《たっけい》像、マリア像や諸聖人像、小聖堂などが建てられた。もちろんそこには良い精霊や聖人たちが現れ、啓示《けいじ》が与えられる場というポジティブな側面もあったが、一般的にはやはりネガティブなイメージのままだった。十字路の聖像に手を合わせる善男善女は、聖なる光を求めてというよりも悪魔祓《ばら》いを願い、守護を祈ったのだ。

死者の埋葬が増えると、その思いはいっそう強まった。キリスト教は自殺を禁じており、自殺者は教会墓地に葬《ほうむ》ることができなかったため、十字路のかたわらに埋められることがあった。そのうち犯罪人も埋められるようになる。天国へ行けない彼らは悪霊となって出没するとされ（聖職者がそう脅《おど》した）、死体には時に杭《くい》が打たれた。するとそれは容易に吸血鬼伝説とも結びつけられて、十字路はいよいよ凄《すご》みを帯びてくる。

魔がいるのなら魔を呼び出すこともできよう。16世紀のドイツに実在したファウスト博士は、森の十字路で悪魔を呼び出して、現世での自分の欲望を満たしたという。その代償か、ファウストの死因は錬金術実験中の爆発。肉体は一片も残らなかった。キリスト教徒にとっては恐ろしいことだ。遺骸《いがい》がなければ死後の復活もないのだから（ファウストに関しては第二十話参照）。

魔女裁判や異端審問の嵐が最高潮に達した時代には、十字路も魔女集会の行われる場所の一つに加えられた。

今もヨーロッパのあちこちに、集会場所としての十字路伝承が残っている。魔女も十字路へ埋められることがあったが、それは道が多いとどちらへ進むべきか決めかねて迷い、そこから動けなくなるとの理由だったらしい。死んだ魔女にこの世のあちこちをさまよわれるよりは、決まった場所に封じておくほうが楽なのは確かだ。

十字路に魔や悪霊が棲むとの迷信は、20世紀になっても完全には人々の心から拭《ぬぐ》い去られることはなかった。

⚜悪魔と取り引きした歌手

1911年生まれの伝説的ブルース歌手ロバート・ジョンソンにまつわる、次のような逸《いっ》話《わ》が残されている。このアフリカ系アメリカ人はミシシッピの農園で働いていた少年時代(まだ南部の黒人差別は激しかった)、ミュージシャンになる夢を抱いていたが、アコースティック・ギターの腕前にどうしても満足できなかった。そこで真夜中の十字路で悪魔と取り引きし、魂を売り渡すのと引き換えに、まさに悪魔的テクニックを我がものとしたという。この言い伝えは、彼の作詞した楽曲中に、「十字路」「悪魔」「地獄の番犬」といった言葉がひんぱんに出てくることでも強化された。

ジョンソンはギター一本でアメリカ中を渡り歩き、歌と演奏で聴き手を魅了する一方、行く先々で問題を引き起こし、27歳の若さで死んだ。女性関係のトラブルから毒を盛られて殺された、いや梅毒で亡くなったなど、死因は謎に包まれている。

第十九話　斬られた首

殉教者聖ドニ

モンマルトルの丘はセーヌ川右岸に位置し、パリで一番高く（とはいえ標高130メートルにすぎないが）、市内を一望できる。19世紀後半には世界中から芸術家の卵がここへ集まり、近代美術の中心地となった。今もモンマルトルといえばピカソ、モディリアーニ、ルノワール、ユトリロなど、多くの著名な画家の記憶と結びつき、観光客に独特のロマンを感じさせている。

だがモンマルトル（Mont des Martyrs）のそもそもの意味は「殉教者《じゅんきょうしゃ》の丘」。芸術よりむしろ、血と結びついていた。

フランスがまだガリアと呼ばれ、古代ローマ帝国から「野蛮人の住む辺境の地」と見なされていた、紀元3世紀。

ドルイド教（輪廻《りんね》を説き、祖先及び樹木崇拝）が主流だったこの地にキリスト教を広めるべく送り込まれた宣教師たちがいた。彼らはセーヌ川のシテ島を拠点《きょてん》として布教活動に励《はげ》み、次第に信者を増やしてゆく。やがて問題視されて捕らわれ、司教ディオニュシウス及び司祭ルスティクスとエレウテリスの3人が、町はずれの小高い丘で斬首された（「殉教者の丘」、即《すなわ》ちモンマルトルの命名の由来）。

ディオニュシウスは後世、ヴァチカンから「聖人」に認定され、一般にはフランス語表記によるサン（＝聖）・ドニ（Dionysius ＝ Denis）と呼ばれるようになる。その死がいかなるものだったかは、こう語り継がれている。

――聖ドニは、他の2人の処刑後、最後に首を斬り落とされた。しかし平然と立ち上がり、地面にころがった自分の首を拾い上げると両手で持ったまま歩き出す。なんと10キロ先（現パリ郊外のサン・ドニ）まで歩き続けたばかりか、その間、首はずっと説教を唱えていた。10キロといえば、普通の速度で2時間半ほど。そこで正真正銘、絶命した。

信者たちは聖ドニの倒れた地点に小さな礼拝堂を造った。13世紀になると、その礼拝堂があった場所にサン・ドニ大聖堂が建立され、それは歴代フランス王の霊廟《れいびょう》ともなる。つまり聖ドニ伝承は、カトリック信仰とフランス王の強い絆《きずな》を証明するものなのだ（フランス革命で反王党派が教会を弾圧《だんあつ》した理由の一つがこれだ）。

⚜描かれた殉教者たち

斬られた首が口をきく。

オルフェウス神話がすぐ思い浮かぶ。竪琴《たてごと》の名手オルフェウスはバッカスの巫女《みこ》らに八つ裂きにされ、首は川へ流された。その首は川を下《くだ》りながら歌をうたい続け、拾われて丁寧《ていねい》に埋葬された後もなお、土の下から歌声が聞こえていたという。

芸術の不滅の力を知らしめる美しい物語だ。間違いなく聖人伝説に影響を与え、キリスト教の永続性と重ねられたのであろう。

だが絵となると様相が異なる。『パリ高等法院のキリスト磔刑《たっけい》』（作者は15世紀のアンドレ・ディープル?）が良い例だ。三連祭壇画風の大画面で、中央にイエス磔刑図が描かれ、右翼に首を持つ聖ドニが立つ。「聖人死すとも教義は死せず」の譬《たと》え話だったはずが、画家

『パリ高等法院のキリスト磔刑』（アンドレ・ディープル？／1450年）

自らの首を拾い上げた聖ドニ
『パリ高等法院のキリスト磔刑』部分

の肉体描写への執拗《しつよう》なこだわりによって、現実感の強いリアルな怖さが迫る。

ミトラ（司教の冠）をかぶった聖ドニの首は、疲れたような、諦めたような顔で目を閉じ、紫色の唇も閉じている。拾い上げられたばかりで、まだ説教は始まっていないようだ。足元には白骨がころがる。首を持つ両手は鮮血にまみれる。斬首された首根の断面は正確且《か》つ克《こく》明《めい》で、骨もはっきり見えるし、いくつもの血管からは噴水もかくや、勢いよく血が噴き出す。背後で処刑人や見物人が驚愕の表情を浮かべている。

「目の人」たる画家は、異様な、あるいは異常なものを描きたい衝動にかられるのだろう。通常なら見られない内臓や骨や血、死の前の痙攣《けいれん》や硬直《こうちょく》や弛緩《しかん》などを、画家の性《さが》として、どうしても描かずにおれない。好奇心ばかりでなく、破調《はちょう》の中に物事の本質が窺《うかが》える気がするし、奇怪さや恐怖は美と同じほど魅力的な対象だからだ。

であればこそ、何世紀にもわたり、数えきれないほど多くの斬られた首が描かれ続けてきた。メドゥーサ、サロメ、ユーディト、ゴリアテ、そして斧からギロチンに至る斬首シーンの数々。聖ドニだけ取っても、どれほど多くの図像や彫像が制作されたことか。

また斬首されても歩いたといわれる殉教者は、聖ドニだけではない。中でも、わずか9歳で首を斬られた聖ユストゥスの姿は、かのルーベンスによって描かれている。ぽろんと落ちた首を両手で受け止めた、というような、少し前かがみの少年の姿は、目撃者の反応と相俟《あいま》って、かなりグロテスクだ。

斬首されても少しの間、人はまだ生きている……実際に斬首を見た画家たちは、そう感じていたのかもしれない。

⚜「首無しアン」の幽霊

首無し幽霊と聞いて多くの人が思い起こすのは、アン・ブーリンだろう。16世紀前半のイングランドに君臨した非情な絶対君主ヘンリー8世の、2番目の妃だ（後のエリザベス1世の母）。男児を産まないことで王の不興を買い、近親相姦《きんしんそうかん》やら魔術の使用など、当時でさえ誰も信じないようなでっちあげの罪状により、ロンドン塔で斬首された（拙著『残酷な王と悲しみの王妃』参照）。

その無念が想像できるだけに、処刑から日をおかずしてアンの幽霊が目撃され始める。彼女の生まれ育ったヒーバー城では首を抱えての徒歩姿、ロンドン塔の場合は馬車に乗り、膝《ひざ》に首を置いて城門へ向かって来るという。

ピーテル・パウル・ルーベンス『聖ユストゥスの奇跡』
（1629～30年頃）

生者と死者の肌色の対比がリアルで衝撃的。

アン・ブーリンの肖像
（作者不詳／1584～1603年頃）

とりわけロンドン塔では代々の門衛《もんえい》による目撃談が数多く、何世紀も語り継がれて半ば周知の事実とされ、20世紀になってもなおこんな噂が残されている。

――持ち場を離れた門衛が軍法会議にかけられたが、「首無しアンが出てきたため、怖くなって逃げた」と弁明して無罪となった。

いかにも幽霊好きの（そして幽霊を信じる）イギリスらしい。

首のない騎士

一方アメリカには、スリーピー・ホロウ（「まどろみの窪地《くぼち》」の意）に出現する首無し騎士がいる。ワシントン・アーヴィングによる小説化、また近年のハリウッド映画化によって世界的に知られるようになった。

もともとの伝説は、アメリカ独立戦争の際にイギリス軍が雇《やと》ったドイツのヘッセン大公国傭兵《ようへい》の幽霊である（ヘッセン大公は贅沢《ぜいたく》好みで常に金欠病だったため、自国の兵をイギリスに大金で貸し出したのだ。さらに戦死した場合には1人あたり30ギニーをもらう契約だった）。

そのヘッセン傭兵の1人が残虐な行為の廉《かど》で（具体的には不明）首を斬られたが、騎馬幽霊となり、スリーピー・ホロウの森に出没するようになった。当然ながら頭部の欠けた姿で、片手は馬の手綱《たづな》を握り、もう片方の手で自分の首をぶら下げて走っているという。運悪く出会ってしまった者に逃れる術はない。幽霊は犠牲者めがけて自分の首をボールのように投げつけ、殺す。

何とも不思議な行為ではないか。さすがアメフト発祥地？

日本の首無し幽霊譚

意外や、日本にも首無し幽霊譚がちゃんとある。しかも1人ではなく大軍で。

天正11年（1583年）、旧暦4月24日。賤《しず》ヶ《が》岳《たけ》の戦いで羽柴秀吉に敗れた柴田勝家は、越前・北ノ庄城に火を放ち、正室お市の方（織田信長の妹）とともに自害。城はのちに、結城秀康（秀吉の養子で家康の次男）によって福井城に改築された。首無し幽霊の目撃者があらわれるのは、この頃からだ。

城下の足羽川《あすわがわ》に架かる九十九橋《つくもばし》を、4月24日の丑三《うしみ》つ時（午前2時からの30分間）、数百もの騎馬が賤ヶ岳方面へ粛々《しゅくしゅく》と渡ってゆく。武者全員に首がないのはまだしも、馬まで全て首がない！

橋はこの世とあの世をつなぐ異界の場、丑三つ時は怪異の起こりやすい時刻だ。たまたまこの行軍を目にした者こそ不運で、まもなく血を吐いて死んだという。中には絵師もいて、矢も楯《たて》もたまらずこの凄まじい場面を絵画化したが、仕上げて絶命。その絵を手に入れた者まで死に、ついに絵を焼くことにしたところ、延焼して近隣に死者を出した由《よし》。

今や九十九橋は鉄筋コンクリート製となり、幽霊の団体行動も忘れられようとしている。近代化のおかげか。

⚜ギロチン刑の歴史

近代化といえばギロチンだ。

斬首手段が剣や斧《おの》だった時代は仕損《しそん》じも多く、いたずらに苦痛を長引かせるとして、機械仕掛けが採用されるようになる。すると首無し幽霊も激減した。

ギロチン（フランス語でギヨタン）は大革命直後の1792年に、フランスの正式な処刑器具となった。その法整備をしたのがジョゼフ・ギヨタンだったため、彼の名が付けられた（本人は嫌がったらしい）。

フランスは実に長くギロチンを使い続けた。大ヒットした1960年代アメリカ映画『シャレード』（スタンリー・ドーネン監督、オードリー・ヘプバーン主演）には、こんなシーンがある。パリの警視がアメリカ人容疑者に、「フランスでは死刑はギロチンだ。刃が落ちる前に首がピリピリするらしいぞ」と脅《おど》す。なんとギロチン刑は81年まで法的に続いていたのだった（実際の執行は77年が最後）。

『シャレード』の警視の台詞《せりふ》には、制作者側アメリカの驚愕も込められていたのではないだろうか。アメリカにとってフランスは歴史・文化面での憧《あこが》れの国、なのにこんな血なまぐさい処刑を、いまだに……と。

第二十話　ファウスト伝説

戯曲『ファウスト』

ファウストという名は、ドイツの文豪ゲーテの戯曲『ファウスト』によって世界的に有名になった。幾度《いくど》か映画化もされ、オペラ（グノー作曲）も上演回数が多い（日本初のオペラ公演は、明治27年（1894年）のこの『ファウスト』とされる）。

ゲーテが造型したファウストは老いた学者で、知識ばかりを詰《つ》め込んで経験が伴わなかった己《おのれ》の人生を後悔し、悪魔メフィストフェレス（「光を愛さぬ者」の意）と契約を結ぶ。それはメフィストの助けを借りて若返り、この世のありとあらゆる体験をさせてもらう代わり、「時よ、止まれ。おまえは美しい」と言った瞬間、魂を地獄に持ってゆかれるというものだ

ウジェーヌ・ドラクロワ『ファウストとメフィストフェレス』
(1827〜28年)

った。

ファウストは100年を生き、善悪問わずさまざまな体験を経《へ》た後、最後は己の個より公のため理想郷の建設に奮闘し、完成間近の至福のうちに先の禁句を口にして倒れる。だが神に赦《ゆる》され、魂は天へと昇っていった……。

かくしてゲーテのファウストは、ドイツ的精神の理想像と見なされるようになる。だがこの物語の根幹はゲーテのオリジナルではない。ファウスト博士は実在したからだ。

⚜「天才」ゲオルク・ファウスト博士

ゲオルク・ファウストは1480年ころ、ドイツ南西部の小村に生まれた。天才児と呼ばれ、当時の小学校にあたるラテン語学校に通った後、さらに修道院でも学んでからハイデルベルク大学へ進学した。途中でポーランドのクラクフ大学にも在籍したが、それはヨーロッパの大学で唯一「魔術学」の講座があったからだという。その後ハイデルベルク大学へもどり、優秀な成績で神学博士号を授与される。

博士となったファウストはエアフルト大学でギリシャ語などを講じたが、やがて追放の憂《う》き目にあう。学生からの評判が悪かったせいではなく、むしろ逆だ。評判が良すぎた。なぜなら彼はしきりに占星術や人相見による予言、病気の治療、錬金術の実験の他、死者の呼び出しなどをしてみせたからだ。

なかでも学生の求めに応じてギリシャ神話の英雄たちや怪物、またトロイア戦争の直接的原因となった絶世の美女ヘレネなどを眼前に出現させて驚かせたが、大学側はそうしたことをキリスト教への冒瀆《ぼうとく》と断じてファウストを処分したのだった。

大学を追われた後のファウストは、同じような魔術を披露《ひろう》して各地を転々とした。現代でも世界中で占い師が活躍しているが、当時はそれ以上に錬金術師や魔術師や占星術師の需要は大きく、ファウストもかなり豪勢《ごうせい》な生活を送ったようだ。

宗教改革者マルティン・ルターも、ヴィッテンベルク大学における会食でのスピーチでファウストについて触れたという（ルターのスピーチをまとめた『食卓談義』による）。それによれば——

大貴族が学者らを招いたなかに、ルターもファウストもいた。この時ファウストは、狩猟中の馬がどうと倒れる迫力のシーンを出現させて皆を驚かせた。ルターはこれを、悪魔が見せた幻と表現したという。

これについては、幻灯機のようなものを使って映したと推定されている。初期の映画が19世紀人に与えた衝撃を思えば、ファウストの幻灯を見て仰天《ぎょうてん》した16世紀人が悪魔と結びつけたのは無理もなかろう。

ファウストの死に方もその証《あかし》とされた。1536年前後、50歳を過ぎたころ、錬金術の実験中――某《ぼう》男爵の依頼で鉛《なまり》を金に変えようとしていた――爆発が起こり、肉体が四散して跡形もなくなったのだ。遺体がなくなったのは、死後の復活ができなくなったことを意味する。やはりファウストは悪魔と契約を交《か》わしていたのだ、地獄へ連れ去られたのだと、人々は噂しあった。そして彼の著作や同時代人が彼について書いた記録の多くが焚書《ふんしょ》にされ、一人の天才の生きた記録がごく限られたものとなった。

⚜民衆を魅了したファウスト伝説

実のところ、上記のファウストの経歴のいったいどこまでが事実で、どこからが伝説か、未だよくわかっていない。ゲオルクという名のファウストが実在したのは間違いないが、ヨハネス・ファウストもいたらしい。いや、ゲオルクとヨハネスはそもそも同一人物だと主張する者もいる。

確かなのは、民衆がファウスト伝説に魅了され、次々にエピソードを増やしていったことだ（ファウストは宇宙旅行までしたことになった）。激しい肉体労働に明け暮れて一生を終える民衆にとって、貴族でも僧侶でもないのに難しい本を読み、不思議な術を使って人を幻惑し、豊かな暮らしを享受するファウストのような人間は、羨《うらや》ましくもあり憎くもあり、最後は地獄に堕《お》ちてほしいと願う相手でもある。

はたしてファウストは稀代《きたい》の山師だったのか、それとも通常の幻灯機に画期的改良を加えることができたほどの天才だったのか……。

第二十一話　ディアトロフ事件

冷戦下のソ連で起きた未解決事件

20世紀前半の大規模な戦争のさなか、ロシアでは皇帝専制打倒を掲《かか》げた暴動が繰り返し起こった。後にこの時の戦争は「第一次世界大戦」、暴動のほうは「ロシア革命」と呼ばれるようになる。

この革命によってロシアは長く続いたロマノフ王朝を倒し（拙著『名画で読み解く ロマノフ家 12の物語』参照）、1917年、世界初の共産主義国家を樹立《じゅりつ》した。国名もロシア帝国からソヴィエト社会主義共和国連邦（ソ連）へと変わり、この体制は「ベルリンの壁崩壊」後の1991年まで続く。その間に資本主義国家と共産主義国家の冷戦があり、もともと秘密主義の色濃いソ連は、鉄のカーテンの向こうに隠れていっそう他国の眼から見えにくくなった。70年以上もカーテン越しだったのだ。

ロシア絵画があまり知られていない大きな理由はそこにあるし、ソ連時代に起こっていた数々の事件も、ロシア連邦に変わるまで噂でしか知り得ないものが多かった。

奇譚というにふさわしい「ディアトロフ事件」もその一つである。謎はまだ解明されていない。

1959年1月。

日本ではメートル法が施行《せこう》され、南極に置き去りにされた樺太《からふと》犬タロとジロの生存が確認された。フランスではド・ゴールが大統領に選ばれ、アメリカではアラスカが49番目の州になっている。

そしてソ連。ウラル科学技術学校（現ウラル工科大学）のエリート学生たちを中心とした若者10人の一隊が、真冬のウラル山脈をおよそ2週間の行程《こうてい》でスキー・トレッキングすべく、エカテリンブルクを出発した。

隊長は大学4年生のディアトロフ（この事件が彼の名にちなんで付けられたことがわかる）。他に男7人、女2人。皆20代前半だったが、男性のうち1人だけが30代後半の元軍人。

インストラクターとしてついて行ったとされる。

彼らが残した日誌、数人が撮《と》った写真、途次《とじ》に立ち寄った場所での地元の人々との交流などは正確に知られており、それによれば、出発して10日目の2月1日が、ホラチャフリ山、即《すなわ》ち先住民マンシ族の言葉で「死の山」――なんとも不吉で、しかも予言的な山名ではないか――へ登る前日だった。直前に男子学生1人が体調不良で脱落したため（おかげで彼は命拾い）、グループは9人に減っていた。

9人は翌日の万全を期し、「死の山」の斜面をキャンプ地にして一泊を決める。この夜に「恐るべき何か」が起こったのだ。

⚜ 発見された凄惨《せいさん》な遺体

一行の連絡が途絶えたため、2月下旬に捜索隊が結成された。厳しい条件下、まず雪に埋もれた無人のテントを見つける。中にはスキーブーツがずらりと並び、食料やリュックなどがきちんと整頓《せいとん》されていたが、テント布は内部から切り裂かれていた。

やがてそこから数百メートルほど下ったヒマラヤ杉の近くで2遺体が発見される。ともに

トレッキング隊の慰霊碑

木から落ちたような傷と、火傷《やけど》の跡、口から泡《あわ》、上着もズボンも靴も身につけていなかった。零下30度にもなる場所だから、これは命取りである。死因は低体温症とされた。

　次いで、その木とテントの中間地点の雪の下に男女3遺体が見つかる。1人は隊長ディアトロフで、服は別のメンバーのもの、帽子や手袋はなく、靴も履いていない。格闘したような跡が見られた。もう1人の男にも格闘した形跡があり、頭蓋骨《ずがいこつ》を骨折していた。靴下は何足もはいていたが靴はなし。女子学生はスキージャケットにスキーズボンと、服装はきちんとしていたもののやはり靴はなく、手に多数の打撲《だぼく》傷、胴の右側部に長い挫傷《ざしょう》。3人とも直接の死因は低体温症らしい。

他の4人はなかなか発見されなかった。何度目かの捜索でやっと5月初旬に、件《くだん》のヒマラヤ杉からさらに離れた小さな峡谷《きょうこく》（テントから1キロ半も先）で発見されたが、どの遺体も凄惨《せいさん》そのもので、先の5人がごく普通の死に思えるほどだ。

全員、靴を履いておらず薄着。下着姿の者までいた。また全員、骨に著《いちじる》しい損傷《そんしょう》があり、落下が原因とは考えにくい暴力的外傷だった。解剖医《かいぼう》は、車に轢《ひ》かれたような、と形容したという。ただし最初に発見された男性の遺体は水に浸《つ》かっていたため腐敗が進みすぎ、死因の詳細が突き止められなかった。顔の見分けがつかず、頭蓋骨も露出。

あとの男2人は、それぞれ肋骨《ろっこつ》が何本も折れ、また頭部に烈《はげ》しい損傷を受けていた。1人の衣服からは放射能も検出される。さらに痛ましいのは女性で、肋骨が9本も折れ、心臓の大量出血、口腔《こうこう》内からは舌だけが丸ごとなくなっていた。そして彼女の衣服からも、高レベルの放射能が検出されたのだった。

⚜なぜ彼らはテントを離れたか

ウラル科学技術学校の男女学生6人、及び同大卒業生2人、臨時に加わった退役軍人1人からなる9人のトレッキング・グループは、真冬の「死の山」の斜面の雪を掘って大きなテントを張り、夕食を終えた6、7時間後、ブーツを脱いで眠りについた（あるいはつこうとしていた）。

真夜中、だがなぜか全員そのままテントを飛び出る。幾度も雪山トレッキングを経験してきた彼らが、零下30度にもなる戸外へ靴も履かずに出たらどうなるか、知らないはずがない。まして漆黒《しっこく》の闇だ。雪の白さをもってしても、また数人が手にしていたマッチや懐中電灯の明かりがあったとしても、元の場所にもどれる可能性は限りなく低い。テントを離れることは、即ち死を意味する。

にもかかわらず皆が皆、やみくもにテントを出たがった。中からナイフでテント布を切り裂いてまで、大慌てで、そして我先にと、その場を離れたがった。統制のとれた理性的な行動をずっと続けてきた彼らだけに、あまりに奇妙で信じがたい。これほど激甚《げきじん》で無謀《むぼう》な行動を引き起こしたものは、いったい何だったというのか？

ディアトロフ事件最大の謎はここにある。このまったき不可解さに比べれば、彼らの死の様相についての説明には、納得しやすいものがいくつもある。たとえば誰ひとり靴を履いていなかったのは、単にその暇がなかったからだろう。また服を脱ぎ捨てた者がいたことについてだが――史実をもとにした映画『八甲田山』（森谷司郎監督）に生々《なまなま》しく描かれているように――人は極度の低体温に陥《おちい》ると、かえって暑く感じてしまうらしい。体表の冷たさに比して、体内に流れる血液の温度に熱さを覚えるせいだという。

火傷跡や木からの落下は、暖を取ろうと木の枝を折っていて落ち、その後マッチで枝を燃やしていて火がついたのかもしれない。別メンバーの服を着ていた例は、死者の服を脱がせた可能性がある。格闘跡の見られた2人は、テントの一番近くに倒れていた。つまり逃げるのが最後だったからで、そうとう焦《あせ》ってぶつかりあい、互いにもつれあってこけつまろびつ走ったとも考えられる。

遠くまで逃げた者たちに打撲跡や肋骨ないし頭蓋骨骨折が見られたのは、斜面を走り下りている時に根株《ねかぶ》や雪に埋もれた岩などにぶつかったり、通常であれば大怪我《けが》には至らないような崖《がけ》でも暗くて気づかず、頭から落ちたと考えられなくもない。全ては雪山の夜にひそむ

ディアトロフ事件を題材にした
2013年の米英ロ合作映画『ディアトロフ・インシデント』より

危険であり、おまけにそこを走ったのは平常心を失くした人間たちだった。

とはいえ全てが納得できるわけでもない。検死報告書には、彼らの骨折状態が崖から落ちてできるようなものとは明らかに違うと記されていた。舌の喪《そう》失《しつ》は小動物に食べられたとの説もあるが、ではなぜ他の遺体（すぐ近くに3体あった）は無事だったのか。

衣服の放射能については、2年前に同じウラル山脈で放射能漏《も》れ事故があり、その際に放射線を浴びた服が古着屋に売られ、知らずに買って着ていたのかもしれない（まだ物資の少ない貧しい時代だった）。しかし検出された放射能は高濃度だったというから、旅行中いつも雑魚《ざこ》寝《ね》していた仲間の服に付着していないのはなぜだろう。

ただの偶然かもしれないが、学生の1人は核物理学を専攻しており、原子力関連の研究室に在籍したこともある。ただし放射能が検出されたのは彼の服からではない。

どこか胡散臭《うさんくさ》いのは退役軍人で、年齢も学生たちより一回り以上も上だし、名前も変名を使っていた。鉱山会社に勤めた後、軍事工学を学んでいたとも言われる。トレッキング中よく写真を撮っていたが、もう1台、別のカメラも持ち、皆に隠していた。服から放射能が検出されたのはこの男だ（もう1人は彼の近くで発見された女子学生）。彼は今回が学生たちと初顔合わせで、どうやってグループに参加できたのか、実はあまりよくわかっていない。放射能とこの男を結びつけた秘密工作員説も浮かぶ所以《ゆえん》である。

⚜事件の謎に対するさまざまな解釈

ソ連が崩壊してロシアへの旅がしやすくなるにつれ、世界中の謎解きマニアたちが「ディアトロフ事件」に挑《いど》みはじめた。数々のノンフィクション、小説、テレビ・ドキュメンタリー、映画が生まれ、さまざまな解釈が披露《ひろう》されている。どれも一長一短あり、これぞ決定版というものはまだないが、いくつかあげておこう。

Ⅰ　雪崩《なだれ》説――ありふれていても、一番妥当《だとう》とされてきた。ただし「死の山」の勾配《こうばい》はわずか16度しかなく、ふつう雪崩は起きない。しかも学生たちの足跡が一部残っていた。
Ⅱ　マンシ族ないし野獣襲撃説――足跡皆無《かいむ》。
Ⅲ　竜巻説――テント内にいた時ではなく、外へ出てから小さな竜巻に襲われたというのなら、ひどい骨折の説明にもなる。ただ固まって倒れていた理由はわからない。
Ⅳ　UFO説――数ヵ月前からこの近辺の上空に正体不明の火球が飛んでいた（目撃証言が多数ある）。もしそれがUFOで、テント近くに着陸してエイリアンが降りてきたら、どんな剛毅《ごうき》な人間でもパニックになって逃げだすだろう。特にこの時代はSF黄金期だった。あいにく物的証拠はない。
Ⅴ　軍の陰謀説①――火球はUFOではなく開発中の新兵器で、軍事機密をグループに知られたため全員を抹殺《まっさつ》。
Ⅵ　同②――軍による人体実験の犠牲になった。
Ⅶ　同③――グループに同行した元軍人が、山で秘密裡《ひみつり》に接触したスパイと何らかの理由で争い、学生らが巻き添えになった。

このようにソ連軍が関与していたとしたら、永久に証拠書類は出てこないだろう。

⚜奇譚は語り継がれる

そして2013年、新たなドキュメンタリーの傑作が生まれた。アメリカの映像作家ドニー・アイカー著『死に山』がそれだ。翻訳も出ているのでぜひ読んでほしい。

著者アイカーは、現場に赴《おもむ》くことなく自宅の椅子に座って事件を解決する「アームチェア・ディテクティブ」ではなかった。自らロシアへ何度も出かけ、グループ唯一の生き残り（21歳だった学生は、すでに75歳になっていた）にも会って貴重な証言を得たし、驚いたことにディアトロフ隊と同じ行程を辿《たど》って冬の「死の山」へも登ったのだ。

この本の最大の読みどころが事件の解明部分にあるのは間違いないが、同じくらい興味深いのは――これまでの素人《しろうと》探偵たちがほとんど関心を寄せていなかった――ソ連時代の若者たちの生き生きした生態だ。鉄のカーテンの向こうでも、変わらぬ人間の営《いとな》みがあったことを知らされる。

ディアトロフ隊は大学のあるエカテリンブルク（当時は革命家の名にちなんでスヴェルドロフスクと呼ばれていた）から鉄道、バス、トラックを乗り継いで山を目指した。そこまでは車中泊の他、工事現場の労働者用の寮に泊めてもらったり空き家を探して寝たりと、かなり切り詰めた旅である。それでも若いだけに終始元気いっぱいで、楽器を鳴らし、合唱し、絵を描き日誌をつけ写真を撮り、ラジオを組み立てた。恋愛模様もあった。

途中下車した町の小学校では即席の教師役まで引き受けた。女子学生の1人は生徒たちから特になつかれ、いざ別れる段になると皆に泣いて引き留められている。エリート大学生も田舎の小学生も、ある意味非常に純朴《じゅんぼく》でいられた時代でもあった（アイカーはこの小学校も訪れている）。

いよいよ山地に着くと、そこからは徒歩やスキーで登り、テントを張って雑魚寝すること3回。4回目が惨劇の夜だった。

アイカーの説では、直接の死因たる頭蓋骨骨折も圧迫骨折も全て事故で説明がつけられ、怪死でも何でもないという。つまり本当の死因はテントから飛び出たことであり、飛び出ざるを得なかった、その理由は——超低周波音の発生だったと断言している。

「死の山」は標高1000メートルを少し超える程度の、さほど高い山ではない。勾配《こうばい》もゆるやかで、左右対称の、お椀《わん》を伏せた形をしている。しかし一見おだやかそうなこの形が、強風のもとでは稀《まれ》にカルマン渦《うず》（物体の両側に発生する、交互に反対回りの渦の列）を生じさせることがある。今回はテントをはさんで右回りと左回りの空気の渦ができて超低周波音を生み、中の人間を襲った。

それでどうなるかといえば、耳には聞こえなくとも生体は超低周波音に共振し、ガラスのようにもろくなる。心臓の鼓動が異常に高まって苦しくなり、パニックと恐怖に襲われ、錯乱状態になるという。ここが「死の山」と名づけられたのは動物がいないからだが、それは時折り発生するこの超低周波音のせいで棲《す》みつかなかっただけかもしれない。

アイカーはこの説を専門家に肯定してもらったと記している。しかしその専門家は1人だけだし、検証がなされたわけでもない。完璧に証明されたとは言えないのではないか。

超低周波音が心臓に及ぼす影響は、理論的にはわかる。だがはたして9人もの人間を同時に錯乱させ得るものだろうか。それほどの凄まじい超低周波音が存在するのか。かといって実験するわけにもゆかない。

結局この解答にもまだ謎が残り、ディアトロフ事件はこれからもずっと奇譚として語られ続けるような気がする。

余話 「怖い」に魅かれる一因

幼少期に発症した「夢遊病」

幼いころ、田舎の祖父母の家が怖かった。

お線香の匂いが天井や畳に沁み込んでいるような薄暗い仏間には、鴨居の上に亡き先祖の白黒写真がずらりと並び、こちらを見おろしてくる。

襖一つ隔てた隣室には年代物の箪笥の上に黒ずんだ日本人形やぬいぐるみがいくつも置かれ、やはりじっと見つめてくる。

それらは過去を背負い、埃を吸ううち、何か別の生きものと化して、今にも動きだしそうだった。

ほぼ同じ時期だったと思うが、筆者は夢遊病を発症した。時々夜中に寝床から起き出してパジャマのまま外を歩いていたらしい。

自分では全く何も覚えていない。

覚えているのは、ある夜、背後から大声で名を呼ばれ、振り返ると、見たこともない不安と恐怖の表情を浮かべた両親がいた。靴を履き、手が玄関の戸にかかっていることに、そのとき突然気づいた。

後日、母が言うには、片付けたはずの靴が出ており、玄関の鍵も開いているのに少し前から気づき、医者に相談して寝ずの番をしていた、子どもにたまに起こることで心配はいらない、もう大丈夫、と。

母の励ましのおかげか、それ以来、夢遊病は収まった。

だが今もたまに思い出すのは、両親の顔に浮かんでいた恐怖の表情だ。わたしはあのとき、何か別のものに変異していたのだろうか、祖父母の家の日本人形がそうだったように……。

小さな子が闇夜の住宅街を歩いてゆく。目は開けていたはずだ。それでないと家までもどれない。それとも目をつむっていてもぐんぐん歩けたのか。悪い大人に遭遇しなかったのは幸運だった。それともそんな悪い大人をも怯ませるほどの何かを、全身から発していたのだろうか。同じように夢遊中の子と、すれ違うこともあったかもしれない。言葉を交わしたかもしれない。あるいは何が起こっているか全て記憶していたのに、夢の出来事として封印してしまっただけだろうか……。

眠りというもの、夢というものの恐怖と不思議は、強く深く心に残った。

⚜眠りは「こま切れの死」

2017年の「怖い絵」展で特別監修を務めたが、そのときフューズリ作品「夢魔」のキャプションに、次のように書いた。

「眠りはある意味、こま切れの死だ。夜がその黒々とした翼を拡げるたび、幾度も幾度も自我を完全喪失させなければならない。そして疑い続けなければならない——眠っている間、何か怖ろしいことが我が身の上で営まれているのではないか、と。」

私個人にとっての恐怖の源が、多分この体験なのだろう。でも恐怖小説が好きになった理由がこれかどうかは定かでない。

いや、むしろ「怖い」に魅かれない人のほうが少ないのではなかろうか。

動物は危険を察知する能力によって生き延びてきた。その能力は恐怖によって研ぎ澄まされる。恋を知らない人間はいても、恐怖をいっさい知らないという者などいない。恐怖は非日常であり、生の根源に関わるので強烈な磁力がある。世界中の伝承やお伽噺の核に必ず「怖い」があるのはそのためだ。

腸チフスのメアリー

とりわけ奇譚には怖い話が多い。

山には山、都会には都会特有の不思議で奇妙な言い伝えが残り、語る者・聴く者双方の背筋をひやりとさせる恐怖の隠し味をもつ。

物語の中で束の間の恐怖を味わい、今の無事を確認するというエンターテインメントの要素だ（死を身近にして改めて生きることの煌《きら》めきを知るような）。

本書にも怖い話を多く取り上げたが、書き洩らした一話があるので、さわりだけ触れておこう。19世紀末から20世紀初頭のアメリカで起こった、感染症についての有名な実話である。

メアリー・マローンという腕の良い賄い婦が富豪一家に雇われた。すると彼女の作った料

"TYPHOID MARY"
MOST HARM
The Extraordinary Predicament of Mary Mallon, a Prisoner on New York's Quarantine Hospita
By Dr. Wm. H. Park, New York Board of Health.
The Extraordi
and Dis

「腸チフスのメアリー」について報じる
ニューヨーク・アメリカン紙の記事（1909年）

理で家族や他の使用人が次々腸チフス（発熱や猛烈な腹痛。当時は今の致死率の10倍だったという）に罹患してしまう。

　メアリーだけは何ともなかった。だが保健衛生担当官の調査が入る前に、彼女は姿を消す。その後も行く先々で、多数の病人出現とメアリー失踪というパターンが続く。

　1907年、ついにメアリーは保菌者として拘束された。本人には何の症状もないが、胆囊《たんのう》が腸チフス菌の巣になっていて、糞便に触った手指などから他人に感染させるということが判明する。世間は騒然とし、彼女には「腸チフスのメアリー」のあだ名がつく。

ところが胆囊除去手術の話が浮上すると、同情する者たちが現れた。罪もないのに拘束し手術をするのは人権侵害だと支援し、裁判。

結果、食品関係の仕事にはつかないこと、居場所を当局に報告すること、という条件で自由の身となった。その途端、監視の目を盗み、メアリーは行方をくらますのだった。

その後メアリーは名を変え、5年もあちこちで賄い婦の仕事を続けた。料理好きだったのと、他の仕事より給金が高かったからのようだ。

知られているだけで、生涯に47人を感染させ、3人の死者を出した（実数はもっと多いのではないかと推測されている）。

次に捕まったときには、世論の支持はもうなかった。彼女は離島の隔離病院に収容され、そこで20年以上余生を送って、69歳で没。

この奇譚のどこに「怖さ」を感じるか、人それぞれに違いない。

メアリーの立場にたてば、無実の罪で（当時は一般大衆に「健康保菌者」の概念はまだ浸透していない）警察に追い回され、拘禁される恐怖に、また被害者の側にたてば、雇った人間に（意図的ではないにせよ）殺されるかもしれない恐怖に、共鳴するだろう。

感染症自体への恐怖、衛生観念の乏しい時代への恐怖に反応する人もいるだろう。そして中には、今なお変わらぬ世論の怖さを感じた人も少なくないはずだ。

恐怖は多彩でもある。

(初出・「現代ビジネス」２０２０年11月24日)

あとがき

本書の校正が終わった直後に、奇《く》しくもロシアから「ディアトロフ事件」(第二十一話)の最新情報がもたらされた。遺族の要請により、2年ほど前からロシア連邦最高検察庁が再調査していたのだという。結果は「雪崩説」。被害者9人の死因は雪崩によるものと断定している。多くの研究者から否定されてきた説だ。案の定、遺族らが作った民間団体の弁護士は、「雪崩説には同意できない。人為的な原因だったのではないか」、そう異論を唱えたと、タス通信が伝えた由《よし》。

旧ソ連で起こった「20世紀最大の謎」と言われる不可解な事件は、ロシアの公式発表にもかかわらず、これで幕引きとはなりそうにない。有無を言わせぬ新証拠が出てくるまで、今後も奇譚として長く語り継がれてゆくことだろう。

あとがき

『婦人公論』でエッセーの連載を、と担当編集者の塚本雄樹さんから依頼を受けた時、かなり困ったのを覚えている。私は平凡な人間で大して面白い経験もしていないし、自分自身や身辺のあれこれを語りたい欲求はほとんどない。絵画や歴史については他誌でいくつも連載している、さて、どうしたものかと考えあぐね、いつしか雑談に……。

すると塚本さんは吸血鬼やゴーレム、エクソシストやハーメルンの笛吹き男など、奇譚好きとわかった。もちろん私もそうなので、女性誌にはふさわしくないかもしれないけれども、歴史奇譚で進めてみよう、ということに相成《あいな》った次第。

この世には、科学や合理性で説明できない不思議な出来事が時として起こる。それを嘘だ、錯覚だ、と片付けるより、人々が長く語り継がずにおれなかったものには、何かそれ相応の理由があるのではないか、と考えるほうが世界は豊かになるような気がする。何らかの真実のかけらが埋まっているようにも思う。何より、不思議な事件には魅力が詰まっている。

長短さまざまな奇譚を、どうぞ楽しんでいただけますよう。

今回、新版を出すにあたり、担当の兼桝綾さんにはたいへんお世話になりました。この場を借りてお礼いたします。

中野京子

奇譚年表

年	奇譚	国名	出来事
紀元前５世紀	十字路	古代ギリシャ	**ソポクレス**が戯曲『**オイディプス王**』を書く
１世紀	蛙の雨	古代ローマ	博物学者の**プリニウス**が『**博物誌**』の中で「ミルクや血の雨」について記す
１世紀後半	マンドラゴラ	古代ローマ	植物学者**ペダニウス・ディオスコリデス**が『**薬物誌**』にマンドラゴラについて記す
２世紀	蛙の雨	古代ローマ	著述家**アテナイオス**が著書の中で「蛙の雨」について記す
３世紀	斬られた首	フランス	モルマントルにて司教**ディオニュシウス**（聖ドニ）等３名が斬首される
１２８４	ハーメルンの笛吹き男	ドイツ	６月26日（ヨハネとパウロの日）、ハーメルンに身なりの立派な男があらわれ、笛を吹いて１３０人の子どもを集めて連れ去り、消息を絶つ
１３００頃	ハーメルンの笛吹き男	ドイツ	ハーメルン・マルクト教会のステンドグラスに「**ハーメルンの笛吹き男**」の**ガラス絵**が描かれる
１３００年代半ば	ハーメルンの笛吹き男	ヨーロッパ全土	ペストの大流行

14世紀	幽霊城	イギリス	チリンガム城が現在の形に増築される。地下拷問室では、数年間で5000人を超えるスコットランド人捕虜が惨殺されたとされる
15世紀	デンマークの白婦人	デンマーク	バーデン国の王子が旅先でオラミュンデ伯爵夫人と恋に落ちる。オラミュンデ伯爵夫人は、王子と結ばれるため、2人の幼い子を白らの手で殺める
15世紀半ば	ハーメルンの笛吹き男	ドイツ	「ハーメルンの笛吹き男」について具体的に記された最古の記録**『リューネブルク手稿』**が書かれる
1462	ドラキュラ	ルーマニア	トゥルゴヴィシュテの戦いでワラキア公**ヴラド3世**がトルコ軍を撃退。数万人を串刺しにして殺害したという
1487	ブロッケン山の魔女集会	ドイツ	魔女裁判の段取りが記述された**『魔女の鉄槌』**刊行
1536	斬られた首	イギリス	**アン・ブーリン**がロンドン塔で斬首される
1536頃	ファウスト伝説	ドイツ	**ゲオルク・ファウスト**が錬金術の実験中に死亡
1606頃	斬られた首	日本	福井城下の九十九橋を渡る首のない数百の騎馬・武者が目撃されるようになる
1583	ゴーレム	チェコ	神聖ローマ帝国皇帝**ルドルフ2世**が宮廷をウィーンからプラハに移し、独自の芸術文化を花開かせる。錬金術師、占星術師、魔術師、呪術師などはとくに厚遇されたため、プラハは「魔都」と呼ばれるようになる

16世紀後半	ゴーレム	チェコ	プラハの学者**ラビ・レーフ**が下僕として飼っていたゴーレムが主の留守中に暴れ、家中を破壊。通称ゴーレム事件
17世紀	さまよえるオランダ人	オランダ	黄金時代のオランダが世界の貿易において、支配的なポジションを得る。同時期に「さまよえるオランダ人」の伝承が形づくられたと思われる
1607	幽霊城	日本	佐賀竜造寺家がお家断絶。後に、この騒動に化け猫の要素を加えた歌舞伎『**花嵯峨猫魔稗史**』等がヒットする
1632	エクソシスト	フランス	ルーダンの悪魔憑き事件。聖ウルスラ会の女子修道院の十数名の修道女が「悪魔憑き」となり公開悪魔祓いが行われる
1634	エクソシスト	フランス	神父**ユルバン・グランディエ**が、「ルーダンの悪魔」事件の罪に問われ火刑に処せられる
1703	貴種流離譚	フランス	バスティーユ監獄で34年間幽閉されていた男が息を引き取る
1720	幽霊城	日本	京都の榊山四郎十郎座が、播州皿屋敷伝説（御女中お菊の伝説）を元にした歌舞伎『**播州錦皿九枚館**』を上演
1764	ジェヴォーダンの獣	フランス	夏、ジェヴォーダン地方にて、牛番をしていた少女により、見たこともない獣が目撃される
1765	ジェヴォーダンの獣	フランス	フランス王**ルイ15世**が「ジェヴォーダンの獣」に懸賞金を出す。9月、征伐隊により狼が射殺され「ジェヴォーダンの獣」として剥製にされるも、その後も被害は続く

1767	ジェヴォーダンの獣	フランス	6月、地元の猟師シャステルが獣を撃つ。その後、獣の出没はなし
1782	ブロッケン山の魔女集会	スイス	最後の魔女裁判がおこなわれる（異説あり）
1792	斬られた首	フランス	ギロチンがフランスの正式な処刑器具となる。以降、1981年までギロチン刑は法的に続く
1808	ブロッケン山の魔女集会	ドイツ	**ゲーテ**が『**ファウスト第一部**』を発表。ヴァルプルギスの宴の様子が描写される
1814	ドッペルゲンガー	ドイツ	**ゲーテ**自身によるドッペルゲンガー目撃譚が収録された自伝『**詩と真実第三部**』刊行
1816〜1818	ハーメルンの笛吹き男	ドイツ	**グリム兄弟**が『**ドイツ伝説集**』を編纂
1822	ドッペルゲンガー	イギリス	詩人**パーシー・ビッシュ・シェリー**がドッペルゲンガーを目撃。その2週間後にボートの転覆事故により死亡
1825	貴種流離譚	ロシア	第10代ロシア皇帝、**アレクサンドル1世**が急逝
1828	貴種流離譚	ドイツ	「**カスパー・ハウザー**」がニュルンベルクの広場で発見される
1836	貴種流離譚	ロシア	正体不明の老人**フョードル・クジミーチ**がペルミ地方で発見される

1839	さまよえるオランダ人	ドイツ	**リヒャルト・ヴァーグナー**、借金苦のためテティス号で密航。東プロイセン―ロンドン間で嵐に襲われる
1843	さまよえるオランダ人	ドイツ	**ヴァーグナー**のオペラ『**さまよえるオランダ人**』ドイツ・ドレスデン歌劇場で初演
1847〜1850	貴種流離譚	フランス	**アレクサンドル・デュマ**が『**ダルタニャン物語**』**第3部**を新聞で連載。バスティーユ監獄で幽閉された男が「鉄仮面」として登場。
1849	さまよえるオランダ人	ドイツ	**ヴァーグナー**、ドレスデン暴動に加担してスイスに亡命。同年、テティス号が乗組員全員と共に沈没
1852	デンマークの白婦人	ドイツ	バーデン大公**レオポルト**が痛風により死去。伏せっている間、白婦人と呼ばれる伝説の亡霊が宮廷で何度も目撃される
1860	ドッペルゲンガー	アメリカ	**エイブラハム・リンカーン**が第16代大統領に選出される。選挙戦中に、自らのドッペルゲンガーを目撃
1865	ホワイトハウスの幽霊	アメリカ	**リンカーン大統領**が奴隷解放に反対する暗殺者によって芝居の観劇中に射殺される
1879	ジェヴォーダンの獣	イギリス等	**R・L・スティーヴンソン**『**旅は驢馬をつれて**』刊行
1886	ドッペルゲンガー	イギリス等	**スティーヴンソン**『**ジキル博士とハイド氏**』刊行

1889	ドッペルゲンガー	フランス	**ギ・ド・モーパッサン**がドッペルゲンガーを目撃
1893	ドッペルゲンガー	イギリス	戦艦ヴィクトリア号が衝突事故により沈没。同じころ、犠牲となったはずの司令長官**サー・ジョージ・トライオン**の姿がロンドン自宅で行われたパーティで目撃される
1897	ドラキュラ	イギリス	**ブラム・ストーカー**が『**吸血鬼ドラキュラ**』を刊行
1898	大海難事故	アメリカ	**モーガン・ロバートソン**が『**愚行**』を刊行
20世紀	幽霊城	イギリス	チリンガム城の隠し部屋から「ブルーボーイ」と思われる少年の白骨体が見つかる
1901	蛙の雨	アメリカ	ミネアポリスで「蛙の雨」が降る
1912	大海難事故	イギリス	タイタニック号沈没事故
1914			第一次世界大戦勃発
1917	コティングリー事件	イギリス	コティングリーで2人の少女が妖精の写真を撮影
1922	コティングリー事件	イギリス	**アーサー・コナン・ドイル**『**妖精物語　実在する妖精世界**』刊行
1938	十字路	アメリカ	十字路で悪魔と取り引きしたとされる伝説的ブルース歌手**ロバート・ジョンソン**死去。死因は謎に包まれている

1939			第二次世界大戦勃発
1950頃	犬の自殺	イギリス	スコットランド・ダンバートンのオーヴァートン橋で、犬の飛び降りが相次ぐ
1959	ディアトロフ事件	ロシア	ウラル科学技術学校の学生たちを中心としたトレッキング・グループ9名が、ホラチャフリ山で凄惨な死体となって発見される
1960	ホワイトハウスの幽霊	アメリカ	**ジョン・F・ケネディ**が第35代大統領に選出される
1963	ホワイトハウスの幽霊	アメリカ	ケネディ大統領がダラス遊説のパレード中に狙撃される
1973	エクソシスト	アメリカ等	映画『**エクソシスト**』公開、世界的なヒットとなる
1974	ハーメルンの笛吹き男	日本	**阿部謹也**『**ハーメルンの笛吹き男**』刊行。中世史ブームの火付け役となる
1976	エクソシスト	ドイツ	20代女性**アンネリーゼ・ミヒャエル**が過酷な悪魔祓いの儀式の末死去
1983	コティングリー事件	イギリス	『タイム』誌で元少女たちが妖精事件の真実を告白
1997	大海難事故	アメリカ等	**映画『タイタニック』**公開。記録的な大ヒットに